暗室燭光

給大忙人的心理學讀心術

王光波——著

我們每天都要接觸不同的人，遇到不同的事，

習得心理學知識，清楚心理學效應，

就能在生活中遊刃有餘，把握自己的人生。

前言

那些在我們眼前晃動的斑斕、璀璨、淡雅的色彩，在愉悅眼睛的同時，也帶給我們歡欣、沉鬱、喜悅、低落。那些每天從我們身邊走過或與我們朝夕相處的人，他們都有著各自的人格和心理活動。

如果說色彩和九型人格是生活中的潮流色，那麼心理學就是我們的經典色，當把它們調和在一起的時候，就成爲人們在當下清醒地讀懂自我、看懂他人的三件法寶。

第一件，色彩。

在這一部分，本書從色彩帶給我們的身心快感、色彩與健康的關聯、色彩賦予男女情愛的基調，以及人脈職場諸多方面切入，從穿著打扮、心情調適、家庭理財等細節的梳理中，揭示色彩對我們生活的切實影響。

第二件，九型人格。

「江山易改，本性難移」，人格如同一雙隱形的槳，雖然摸不著、看不到，但左右著我們的命運之舟。在這一部分，你會看到爲什麼有人愛猜忌，有人愛嘮叨，有人容易悲傷沮喪，有人容易事事拋腦後。它會告訴你，如何使自己的人格優勢發揮到極致，又如何能讓自己規避不良性格帶來的糟糕局面。

第三件，心理學。

你也許會問：心理學是讀心術嗎？現在社會上那麼多見死不救的，這跟人們的心理有何關係？不要著急，當你看到對此的解讀後，你就能輕鬆找到答案，明白其中的原因。當然，其他繁雜社會事件當中，同樣有著心理學的身影。心理學猶如燭光一點，讓你透過現象看本質，讓你知曉事物的根源，掌握應對的方法。

色彩學、九型人格是對生活表相的分析，而心理學是在生活表相的基礎上，透視更爲深層的內因——我們如何受到色彩的影響，如何揭開人們的性情面紗而認清其眞面目。心理學不僅是爲了讓讀者掌握更多的知識，也是對色彩和九型人格內容的映照。

生活難免一葉障目，我們未必事事皆明，故而探尋一種清晰而確切的心理認知，就顯得尤爲重要。期待這本書能讓讀者從中享受讀人、識人、體驗生活、感知社會的暢然快感。

CONTENTS

目錄

二、無處不在的心理學現象

CONTENTS

三、世事中的心理現象

四、影響心理健康的多重癥結

五、職場魔法棒，點開心理暗盒

六、金星女人的心理紅寶書

CONTENTS

九、網路一根線，心理大世界

十、成長路上，把脈孩子的「心」

CONTENTS

Part 1

心理學的魅影

什麼是心理學？它有什麼用處？一說到心理學，不免就觸及這些問題。有些人甚至還會產生這樣的疑問：心理學是不是讀心術？掌握了心理學，是不是就能看穿人心？

其實心理學並沒有人們想像的那麼神祕。心理學的應用範圍，廣及生活的各個層面，就讓我們進入神奇有趣的心理學世界，看看它是怎樣「成長」起來的吧！

為什麼要瞭解一點心理學

當今社會，人們的物質生活越來越富裕，心理問題卻越來越多，心理學亦越顯重要。其實，每一個人都應該瞭解心理學，因爲它應用的層面極廣。例如：心靈感應眞的存在嗎？夢是怎樣產生的？「耳聽爲虛，眼見爲實」有科學依據嗎？使用藥物能增強記憶嗎？爲什麼有些人比其他人更聰明？獨生子女有哪些獨特的心理特徵？爲什麼「戰勝自我」是個人事業成功的第一步？……心理學可以觸讀諸如此類的問題。

瞭解一點心理學，並把它運用到實際生活中，我們就會發現，不管是人的性格，還是對事物的認知過程，包括人的情緒、語言、人際互動、心理疾病等，都能透過心理學解碼。心理學廣泛應用於個人生活、商務、軍事、體育、教育、社會工作、交通安全、廣告、司法等領域。

舉例來說，冬天來了，你感覺到冷了，要去買一件大衣。這時候你是自己去？還是找人一起去呢？那麼，爲什麼你自己去？爲什麼你要朋友陪你去呢？還有，爲什麼你要男/女友陪你去？你打算去哪家店買呢？你們走在路上，迎面走來一個人，你覺得眼熟，上前打招呼：「啊！你不是我高中同學嗎？」但是你卻怎麼也想不起他的名字，經他提醒，你終於想起來了。你們已經很久沒有見面了，然後一起去吃飯，聊起了往事。當朋友提到他的父親整天悶悶不樂，不知如何是好時，你忽然想到：「是不是憂鬱症啊？要不去看看心理醫生？」

吃過飯，和朋友道別後，你和戀人買齊了各自喜歡的衣服，你覺得心情很愉快。路過一條街，看到一群人聚在一起，就跑過去想看看是怎麼回事，湊湊熱鬧，原來是有場街頭晚會。在臺上主持人的帶領下，大家都很興奮，你也覺得很興奮。你們坐公車回家，車上人很多。突然來個緊急煞車，車內的人七倒八歪，你不小心踩到隔壁時髦女生的腳，她登時對你橫眉怒目：「你眼瞎了？」你拼命道歉，可對方不領情，一路上罵不停，剛才的好心情一掃而光，突然變得很沮喪。

下車後，有人在路邊發傳單，那人遞給你一份，你沒好氣地對他說：「走開！」把人嚇得後退一步，路人都側目看你，你的火氣更大了。回到家，已是晚上九點多，隨便梳洗一下，就上床了。躺在床上，越想幾小時前發生的事，越覺得憋氣，心裡越難受。想快點入睡，忘掉今天這些鳥事，可翻來覆去就是睡不著，你更難受了。折騰過大半夜，才迷迷糊糊睡著了。這個晚上睡得很不踏實，還做了一個噩夢。

上述過程中，你知道反映出多少跟心理學相關的問題嗎？

心理學包括的範圍很廣，從人的身體功能、大腦機制、神經結構、記憶、思維、決策的制定、語言的發展，都是心理學的研究對象。人與人之間的互動、溝通技巧，工作壓力，心理機能衰退，大腦機制有病變或人際關係不佳，社會適應不良等等，這些行爲都屬於心理學的範疇。

二十一世紀是生命科學的時代，心理學在此時發揮極大的影響力，很多科學家從不同的領域和視角進行研究和探索。心理學是關於生活和社會的科學與技巧，我們可以從自己的經驗出發，用自己的思維來判斷別人的心理。

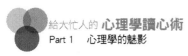

每個人都渴望過充實、快樂的生活，但現實中，很多人的生活並未盡如人意，心裡累積著許多委屈、憂傷和痛苦。認識心理學的常識，我們可以適時地疏導自己的情緒，調整心態，處理生活中的不如意和煩惱。同時，還可以發現身邊人的心理問題，積極引導，幫助他走出陰霾。

西方心理學的起源

每個人的心理活動，因爲時間、地點、情緒、感受等諸多方面的影響而有所不同，所以才有「千人千面、千面千心」的說法。在幾千年前，古希臘的哲學家們就已經意識到，人的內心有著十分奇特的感受與變化，它會隨著外在感官獲得的訊息，產生各異的現象。

進入中世紀，人們對自我心理的感應，解釋爲「神支配下的行爲」。直到文藝復興時期，心理學才從宗教附屬品的角色獨立出來，發展出較爲科學的方法論體系。這一時期，歐洲各國產生各種心理學派，諸如英國的聯想主義心理學、法國的理性主義心理學等等。這些心理學派雖然較中世紀的神學觀點進步許多，仍是以哲學的觀念和理論來解釋心理現象。

最早提出聯想主義心理學的，是英國生理學家哈德烈，他認爲人的內心和大腦活動有著緊密的聯繫，在他看來，人的感覺器官接觸到具體事物，便會產生感覺，這時候，如果人的內心能將這種感覺長時間地記憶下來，就會產生新的「感覺觀念」，並藉著聯想，組成較爲複雜的情感觀念。爲了能更完整地詮釋，聯想心理學產生的生理學基礎，哈德烈還提出神經振動學說。

法國哲學家笛卡兒，是理性主義心理學的鼻祖。他認爲，人的知識並不取決於外在的經驗，而是來自於個體的理性思想。他主張用理性來審查一切，提出了「普遍懷疑」的口號，對心理學的發展具有深遠影響。

眞正使心理學擺脫宗教的束縛、自立於學科領域的，是德國生理學家馮特。

一八五八年，馮特成爲德國著名生物和生理學家——赫爾曼 馮 赫耳姆霍茲的助手。在當助手的這段時間裡，馮特爲他的學生開設了第一門以科學教授心理學的課程。他爲這門課程所寫的講義，後來被編輯爲《人類與動物心理學論稿》。因爲獨創性地運用自然科學的方法來解釋心理現象，一八六四年，他被提升爲助理教授。

一八七九年，馮特在萊比錫大學建立實驗心理學研究室，這是世界上第一個心理實驗室。它標誌著心理學正式成爲一門科學，有了自己的定位。

馮特的心理學研究，主要著眼於對人類意識的分析。他認爲，人們之所以有複雜的心理活動，是源自簡單的心理活動，而簡單的心理活動，則首先取決於意識的顯現，感覺、感情和意象便是意識的具體表現。

身爲現代心理學的奠基人，馮特的心理學研究，已經從哲學式的探索人的內心情感，轉變爲運用科學與實驗的方式，對人類心理各個層面的現象進行研究。他從人的感覺、感情和意象入手，進行觀察，加以分析。在心理學上，這種研究方法稱爲「內省法」，後人又稱其爲「結構主義心理學」。

馮特將「內省」分爲「空想的內省」和「科學的內省」。前者是指「內部知覺」，後者是指「實驗的自我觀察」。馮特認爲，前者對有系統地理解和研究心理學沒有任何幫助，而實驗，才是解開人類心理奧祕的終極途徑。他採用實驗的方式，對心理分析的結果進行求證和開展，建立起完整的心理學實驗規範。

隨著心理學研究的深入及其領域的擴展，馮特的心理學體系逐漸引發學界的討論，或支持，或反對，進而衍生出各個流派，心理學界出現「百家爭鳴」的榮景。

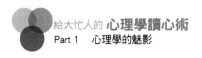

心理學有哪些門派

在武俠世界裡，正有少林派、武當派、峨嵋派、華山派；邪有星宿派、明教、日月神教，江湖因這些門派的恩怨情仇而熱鬧非凡。如果把心理學界也看成一個江湖，那這個擁有三大門派的江湖，也毫不寂寞。三大門派聚有爲之士於門下，發揮各自的本領絕學，爲心理學的發展和壯大效力。當然，若細分心理學的派別，絕不僅只三類，但這三大門派是被談論最多、研究最廣、影響最大的，它們分別是：精神分析心理學、行爲主義心理學、人本主義心理學。

1.精神分析心理學

精神分析心理學，由奧地利醫學家佛洛依德，在精神病治療的臨床經驗基礎上創立。這一派發端於二十世紀初的無意識心理學。「無意識」這一概念，並非佛洛依德首創，但他卻是深入研究「無意識」的第一人。佛洛依德認爲，人的意識有三個層面：意識（conscious）、前意識（pre-conscious）、潛意識（Subconscious）。

相對於意識和前意識，潛意識才是人們表現情感和需求的原動力。比如我們遭遇一件痛苦的事情，便會把這種痛苦深埋在潛意識中，不讓自己再去想，但是當外界的某類事件或片段，重新喚起我們對痛苦的記憶時，痛苦的往事便會浮現在我們的腦海。佛洛依德將潛意識歸爲人的本能之一，認爲充分運用這種本能，可以消除個人的焦慮和神經衰弱。這是他藉著大量的臨床診斷得出的結論。

2.行為主義心理學

行爲主義心理學的創始人，是美國心理學家華生。一九一三年，華生在《心理學評論》上，發表〈行爲主義者眼中的心理學〉，這篇文章的問世，正式揭開行爲主義心理學的序幕。文中指出，行爲主義心理學研究的不是心理內容，它的目的是預示並控制由於心理原因產生的具體行爲。行爲主義心理學的原理來自動物實驗。華生認爲，他可以按照自己的設定，透過適當的外部刺激，把一個實驗物變成他所希望的樣子。因此，行爲主義心理學又被稱爲「刺激—反應心理學」。

華生把心理學看成是一門自然科學，反對把意識作爲心理學研究的對象。在心理學的研究方法上，華生反對馮特的「內省法」，因爲這種研究方法，只能對自己有效，而對他人不起任何作用。華生提倡客觀的研究方法，他認爲，心理學的客觀研究方法有四種：觀察法、條件反射法、口頭報告法、測驗法。在他看來，這四種研究方法，是使心理學稱爲科學、客觀地觀察人類心靈的唯一有效途徑。

3.人本主義心理學

人本主義的思想，源自文藝復興時代，就這點而言，它是人文精神發展到一定階段的產物。人本主義心理學反對行爲主義心理學用「刺激—反應」的觀念，來理解人類的心理行爲，也反對精神分析心理學對無意識作用的誇大。人本主義心理學主張，心理學應該研究正常的個體。他們認爲，人的心理是由知識、情感、意象三種過程構成的統一整體，以人的品格作爲研究主體，從而揭示人的健康心理。與行爲主義心理學一樣，人本主義心理學也提出自己的研究方法：整體分析法、現象學分析法、個體特徵研究法。人本主義心理學的代表人物有馬斯洛、羅傑斯等，其中，美國心理學家馬斯洛，是人本主義心理學的主要發起者，他還提出著名的「馬斯洛需求層次理論」。

心理學的應用價值有哪些

鈔票能買漂亮衣服，手套能溫暖雙手，雲霄飛車能帶來刺激，冷水能讓我們保持清醒。萬事萬物都有其價值，心理學也不例外。自心理學成爲一門獨立的科學以來，它就與社會各個行業及其他科學領域發生著各種關係。

心理學是研究「人」的科學，如果不涉入其他領域，要對人的心理活動及其產生的相應行爲進行充分解釋，將是不可能的任務。出於心理學自身發展的需要，它和諸多社會現象相互交集，產生一個又一個心理學應用領域：

與學校教育交集，產生了「教育心理學」。它是研究教育和教學過程中，教育者和受教育者的心理活動現象，及其產生和變化規律的科學。像是學生的學習動機與學習成績間的關係，如何因應個別差異而因材施教；老師在施教時應注意學生哪些心理變化等等。

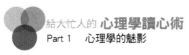

與經濟學交集，產生了「經濟心理學」。這是產生於二十一世紀的新型學科，對社會上的各種經濟現象進行解讀，提出相應的解決辦法，讓人們透過此一管道，對經濟現象有更深入的瞭解。

隨著社會的發展，人與人的往來呈現更爲複雜的形態，人們希望在互動中能表現自己的優點，給對方留下美好的印象，達到自己的社交目的，「人際交往心理學」便應運而生。簡單來說，人際交往心理學就是運用心理學方法，對於人際交往中出現的問題，提出解決衝突、加強自我形象的原理和技能，爲順利進行社交活動指點迷津。

「愛情心理學」的產生，與人際交往心理學有著相似之處。男女相戀或是單相思，都免不了患得患失。有人躲在角落，數著花瓣自語：他愛我，他不愛我；有人茶飯不思，日漸消瘦，卻不知暗戀的他（她）姓啥名誰。爲了研究戀愛中出現的心理現象及其發生與發展的過程，愛情心理學應運而生，讓男男女女更有把握地踏上自己的愛情之路。

除了以上提到的教育心理學、經濟心理學、人際交往心理學、愛情心理學等心理學應用分支外，還發展出很多新的領域，比如社會心理學、職場心理學、兩性心理學、網路心理學、青少年心理學、行銷心理學、成功心理學等等。

由此可知，在當代心理學的發展過程中，與其他學科相結合，來解決人自身問題的趨勢，越來越明顯。現在的心理學，已經不是大學教授，或是心理系學生，鑽進一隅青燈古佛，孤獨苦研的「又寂寞又高深」的學問了，它已經進入社會的各個領域，以心理學特有的方式，揭示其中「不爲人知的密碼」。

心理學有哪些研究方法

心理學研究的方法，主要有觀察法、測驗法、實驗法、調查法和個案法等，這些方法都屬於科學性方法，具有一致的基本流程，即根據所要解決的問題，提出假設→進行研究設計→採用恰當的方法技術搜集資料→按照一定程序進行結果的統計處理→最終進行理論分析→得出結論。

1.觀察法

觀察法是指在自然情境中，對人的行爲進行有目的、有計劃的系統觀察並記錄，並據此進行分析，以期發現心理活動變化，和發展規律的方法。所謂自然情境指的是：被觀察者不知道自己的行爲正受到觀察。觀察法一般適用於以下條件：對所研究的對象，出於多種原因，無法進行控制的情況，以及研究對象在控制條件下，會發生質的改變，或由於道德倫理等因素，不應該對之進行控制的那些行爲。觀察法的成功與否，取決於觀察的目的與任務、觀察和記錄的方式，以及觀察者的毅力和態度。觀察法是對被觀察者的行爲，進行直接的瞭解，因而能收集到第一手資料。由於觀察法是在自然條件下進行的，不爲被觀察者所知，他們的行爲和心理活動，較少或沒有受到環境的干擾。因此，應用這種方法，有可能瞭解到現象的眞實狀況。

根據觀察時情境的人爲性，可以將觀察分爲自然觀察和控制觀察。前者是在自然情境中，對被觀察者的行爲直接進行的觀察，後者則是在預先設置的情境中進行觀察。

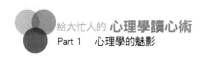

根據觀察者與被觀察者之間的關係，可以將觀察分爲非參與觀察和參與觀察。前者是觀察者不參加被觀察者的活動，不以被觀察者團體中的一個成員而出現；後者是觀察者成爲被觀察者團體中一個正式的成員，但其雙重身分一般不爲其他參與者所知悉。

根據觀察要求的不同，又可以將觀察分爲非系統觀察和系統觀察。前者是日常生活中人們常用的一種方法，可以做進一步的系統研究；後者則是有目的、有計劃地收集觀察資料的過程。

爲了避免觀察的主觀性和片面性，影響資料的正確性，在使用觀察法時，應注意以下幾點：

（1）觀察必須有明確的研究目的，對擬觀察的行爲特徵要加以明確界定，做好計畫，按計劃進行觀察。

（2）觀察必須是有系統的，而不是零星偶然的。

（3）必須隨時如實地做好記錄。嚴格地把「傳聞」與「事實」、「描述」與「解釋」區分開來。如果能錄音、錄影做記錄，效果更好。

（4）應在被觀察者處於自然狀態下進行觀察。

觀察法的缺點是：

（1）在自然條件下，事件很難按完全相同的方式重複出現，因此，對某種現象難以進行重複觀察，而觀察的結果也難以進行核對和證實。

（2）在自然條件下，影響某種心理活動的因素是多方面的，因此，用觀察法得到的結果，往往難以進行精確的分析。

（3）由於對條件未加控制，觀察時，可能出現不需要研究的現象，而要研究的現象卻沒有出現。

（4）觀察容易「各取所需」，即觀察的結果容易受到觀察者本人的興趣、期待、知識經驗和觀察技能的影響。

2.測驗法

測驗法是指使用特定的量表爲工具，對個體的心理特徵進行間接瞭解，做出量化結論的研究方法。使用測驗法，第一，可以瞭解個體或團體的心理特徵，如用智力量表測量兒童的智力水準；用人格量表瞭解人各不相同的心理特徵。第二，可以探討心理特徵與外界因素的關係，如考察智力與學習成績是否相關，性格內向是否影響社會交往。第三，可以比較不同個體或團體之間的心理差異。

測驗法的種類很多。按一次測量的人數，可把測驗分爲個別測驗（一次測一人）和團體測驗（一次同時測多人）。按測驗的目的，又可把測驗分爲智力測驗、特殊能力測驗（性向測驗）和人格測驗等。

用標準化的量表來測量心理特徵時，應注意以下幾點：

（1）選用的測量工具，應適合研究目的的需要。

（2）主持測驗的人，應具備使用測驗的基本條件。如口齒清楚，態度鎮靜，瞭解測驗的實施流程和指導語言，有嚴格控制時間的能力，能準確按測量手冊上載明的進行方式執行測驗等。

（3）嚴格依測驗手冊上載明的方法計分和處理結果。

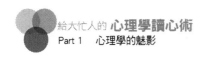

（4）測驗分數的解釋應有一定的依據，不能隨意解釋。

實施測驗時，要注意兩個基本要求，即測驗的信度和效度。信度是指一個測驗的可靠程度。效度是指一個測驗有效地測量到所欲測量的心理特質。效度可以透過對行爲的預測來表示。

爲了確保心理測驗的信度與效度，一方面要對某種心理特質進行深入的研究，如我們對智力或性格的瞭解越深入，那麼相應的量表就會越完善。另一方面，在編制心理量表時，要注意嚴謹性和科學性，只有按科學方式嚴謹地編制出來的心理量表，才可能有效而可靠地測量出人們的心理特質。

3.實驗法

在控制條件下，對某種行爲或者心理現象進行觀察的方法，稱爲實驗法。在實驗法中，研究者可以積極地利用儀器設備，干預被試者的心理活動，人爲地創設出一些條件，使得被試者做出某些行爲，並且這些行爲是可以重複出現的。這是實驗法與觀察法的不同之處。

研究者在進行實驗研究時，必須考慮到三類變數：第一，引數，即實驗者控制的刺激條件或實驗條件。第二，因變數，即反應變數，它是實驗者所要測定和研究的行爲和心理活動，是實驗者要研究的眞正對象。第三，控制變數，即實驗中除引數外，其他可能影響實驗結果的變數。爲了避免這些變數對實驗結果產生影響，需要設法予以控制。總之，採用實驗法研究個體行爲時，主要目的是在控制的情境下，考察引數和因變數之間的內在關係。因此，實驗法不但能揭示問題「是什麼」，而且還能進一步探求「爲什麼」。

用實驗法研究心理學問題，必須設立實驗組和控制組，使這兩個組在機體變數上大致相同，控制實驗條件大致相同，然後對實驗組施加實驗變數的影響，對控制組則不施加影響，考察並比較這兩組的反應是否不同，以確定實驗變數的效應。

實驗法可分爲實驗室實驗和自然實驗。實驗室實驗，是借助專門的實驗設備，在對實驗條件嚴加控制的情況下進行的。例如，我們在實驗室中，安排三種不同的照明條件（由弱到強），讓被試者分別在不同照明條件下，對一個短暫出現的信號做出按鍵反應，透過儀器記錄被試者每次的反應時間。這樣就可以瞭解照明對反應時間的不同影響。由於對實驗條件進行嚴格控制，運用這種方法，有助於發現事件的因果關連，允許人們對實驗的結果進行反覆驗證。實驗室實驗的缺點是，主試者嚴格控制實驗條件，使實驗情境帶有極大的人爲性質，而被試者處在這樣的情境中，又意識到自己正在接受實驗，就有可能干擾實驗結果的客觀性。

自然實驗，也叫現場實驗，它在某種程度上克服了實驗室實驗的缺點。自然實驗雖然也對實驗條件進行適當的控制，但它是在人們正常學習和工作的情境中進行的。例如，在教學條件下，由教師向兩組學生教授相同的內容，其中甲組學生在學習後完全休息，而乙組學生繼續進行另外的學習，一小時後，再比較他們的回憶成績，結果甲組學生比乙組學生成績好，這說明適當休息有助於提高學習效率。由於實驗是在正常的情境中進行的，因此，自然實驗的結果比較合乎實際情況。但是，在自然實驗中，由於條件的控制不夠嚴格，因而難以得到精確的實驗結果。

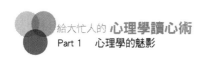

4. 調查法

調查法是以提問題的方式，要求被調查者就某個或某些問題作出回答的方法。調查法可以用來探討被調查者的機體變數（如性別、年齡、受教育程度、職業、經濟狀況等）、反應變數（即他對問題的理解、態度、期望、信念、行爲等），以及它們之間的相互關係。根據研究的需要，可以向被調查者本人做調查，也可以向熟悉被調查者的人做調查。

調查法可分爲問卷法和談話法兩種方式。問卷法是指採用預先擬定好的問題表，由被調查者自行填寫來搜集資料、進行研究的方法。問卷法可以同時搜集許多人對同類問題的回答，比較節省人力和物力。問卷的發放，可以透過郵寄的方式進行。這種方法的潛在問題是：問卷回收率可能會影響結果的準確性；被調查者有時可能不認眞合作，而影響到問卷的眞實性。

談話法是指研究者根據預先擬定好的問題，向被調查者提出，在面對面的一問一答中，搜集資料，然後對群體的心理特點及心理狀態，進行分析和推測。談話法一般不需要特殊的條件和設備，比較容易掌握。但是由於訪談對象有限，加上被調查者可能受主觀和客觀因素的影響，會影響到資料的眞實性。

5.個案法

個案法是收集單個被試者各方面的資料，以分析其心理特徵的方法。通常搜集的資料包括個人的生活史、家庭關係、生活環境和人際關係等。根據需要，也常對被試者做智力和人格測驗，從熟悉被試的親近者那裡瞭解情況，或從被試者的書信、日記、自傳，或他人爲被試者寫的資料（如傳記、病歷）等進行分析。

個案法要求對某個人進行深入而詳盡的觀察與研究，以便發現影響某種行爲和心理現象的原因。例如透過個案分析，可以瞭解電視臺的不同節目對個體行爲的影響，也可以瞭解家庭破裂對兒童心理發展的影響等等。個案法有時也和其他方法（如觀察法、測驗法等）配合使用，這樣可以收集更豐富的個人資料。

個案法的缺點是：所搜集到的資料往往缺乏可靠性，而研究的結果也可能只適合於個別情況。因此，一般來說，個案法常用於提出理論或假說，要進一步檢驗，則有賴於其他方法。

心理學的研究方法不只上述幾種，同時，上述幾種研究方法都有各自的優點和缺點。人的心理活動是非常複雜的，因此，研究人的心理現象，不能只採用一種方法，應該根據研究的需要，靈活地選用幾種方法，使之共同發揮作用，以便相互補充，使研究收到更好的效果。

掀開心理諮詢的面紗

「諮詢」一詞有詢問、商議、建議、忠告、給人幫助的意思。心理諮詢是心理諮詢師就來訪者提出的問題和要求，進行共同分析、研究和討論，找出問題所在，找出解決問題的方法，以幫助來訪者克服情緒障礙，恢復對社會環境的協調適應能力，維護身心健康。

心理諮詢也是指在心理方面，給諮詢者以幫助、勸告、教導的過程。國外心理學界對心理諮詢的定義，有許多不同的說法。

一般認爲，諮詢心理學主要有以下幾個特徵：

1.主要針對正常人。

2.爲人的一生提供有效的幫助。

3.強調個人的力量與價値。

4.強調認知因素，尤其是理性在選擇和決定中的作用。

5.研究個人在制定總目標、計畫，以及扮演社會角色方面的個性差異。

6.充分考慮情景和環境的因素，強調人對於環境資源的利用，以及必要時的改變。

一九八四年，美國出版由國際心理學會編輯的《心理學百科全書》，肯定心理諮詢的兩種定義模式，即教育模式和發展模式。其中認爲：「諮詢心理學始終遵循著教育的模式，而不是以臨床的、治療的或醫學的模式。諮詢對象（不是患者）是在處理日常生活中的壓力和任務上，需要幫助的正常人。心理諮商師主要在協助、引導，使之自我調整，從而充分發揮其已經擁有的能力，或者形成更爲適當的應變能力。」諮詢心理學強調發展的模式，它試圖幫助諮詢者得到充分的發展，掃除其成長過程中的障礙。

綜上所述，心理諮詢是透過語言、文字等媒介，給諮詢者幫助、啓發和教育的過程。透過心理諮詢，讓諮詢者在認知、情感和態度上有所變化，解決其在學習、工作、生活、疾病和康復等方面出現的心理問題，並能適應環境，保持身心健康。

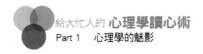

常見的心理學效應

我們每天都要接觸不同的人，遇到不同的事，習得心理學知識，清楚心理學效應，就能在生活中遊刃有餘，把握自己的人生。

1.三對一規律

你可能有過這樣的體驗：當你自己一個人想說服別人，或提出令人爲難的要求時，別人可能一口回絕；如果幾個人同時向對方遊說，對方可能就比較容易接受。那麼至少需要幾個人才能奏效呢？實驗顯示，能夠引發對方同步行爲的人數，至少爲三～四名。

當兩個人統一口徑，誘使某人採取趨同行爲時，他通常會堅持己見。如果人數增加到三人，趨同率就迅速上升。如果五個人中，有四人意見一致，此時趨同率最高。人數增至八名或十五名，趨同率則幾乎保持不變。

但是，這種勸說方法，在一對一的談判，或對方人多時，就很難發揮作用。如果對方是一個人，你可以事先請兩個支持者參與談判，在談判桌上，以分別交換意見的方式，誘使對方做出趨同行爲。以紙牌遊戲爲例，一般由四個人參加，在遊戲過程中，如果時機成熟，有人會建議提高賭金或導入新規則，同時也會有人反對，這時如果能拉攏其他兩人贊同你的建議，三個人合力對付一個人，那麼此人往往會因寡不敵眾而改變自己的主張。

2.貝勃效應

有人做過一個實驗：一個人右手舉著三百公克重的砝碼，這時在其左手放上三百零五公克的砝碼，他並不會覺得左右手上的砝碼有多少差別，直到左手砝碼的重量加至三百零六公克時，才會覺得有些重；如果右手舉著六百克，這時左手上的重量，要達到六百一十二公克，才會感覺到重。以此類推，右手的砝碼越重，左手就必須加更大的量，才能感覺到差別。

這種現象被稱為「貝勃效應」。

貝勃效應在生活中到處可見。比如十元一份的晚報，突然漲成五十元，你會覺得不可思議，無法接受。但是，如果原本五百萬的房產也漲了五十元，甚至五百元，你會覺得價錢根本沒有變化。

有些人總抱怨，戀人對自己不如剛認識時那麼好了，其實這也是「貝勃效應」在作怪。在還不熟悉的情況下，對方給予的一點點關懷，都會覺得情深似海，而當兩人相處久了以後，與原來相同的那些關愛，便覺得平淡如水了。

3. 齊加尼克效應

法國心理學家齊加尼克，曾做過一次頗有意義的實驗：他將自願受試者分為兩組，讓他們去完成二十項工作。其間，齊加尼克對一組被試者進行干預，使他們無法繼續工作而未能完成任務；對另一組，則讓他們順利完成全部工作。實驗得到不同的結果：雖然所有被試者接受任務時，都表現出緊張狀態，但順利完成任務者，緊張狀態隨之消失；而未能完成任務者，緊張狀態持續存在，他們的思緒，總是被那些未能完成的工作所困擾，心理上的緊張壓力難以消失。

這種因工作壓力所致的心理緊張狀態，即被稱為「齊加尼克效應」。

4.鯰魚效應

水池裡養著一群魚，由於缺乏外界刺激，這些魚變得死氣沉沉，容易死亡。漁民偶然把幾條鯰魚放入池中，發生了一個奇怪的現象：由於鯰魚喜歡鑽來鑽去，於是整個水池裡的魚都被帶動起來而顯得生機勃勃，魚的壽命也延長了。

在經濟、文化等活動中，引入競爭機制，也會產生鯰魚效應。

5.期望效應（又稱皮格馬利翁效應、羅森塔爾效應）

皮格馬利翁是古希臘賽普勒斯島上，一位善於雕刻的國王，他把全部熱情和希望，傾注在自己雕刻的少女雕像身上，後來竟使這座雕像活了起來。心理學家羅森塔爾和雅各森稱之爲「皮格馬利翁效應」。

羅森塔爾及其同事，要求老師們對他們所教的小學生進行智力測驗，事實告訴老師們，班上有些學生屬於大器晚成者，並把這些學生的名字念給老師聽，羅森塔爾認爲，這些學生的學習成績可望得到改善。自從羅森塔爾宣佈大器晚成者的名單之後，他就再也沒有和這些學生接觸過，老師們也再沒有提起過這件事。事實上，所謂大器晚成者，是從一個班級的學生中隨機挑選出來的，他們與班上的其他學生沒有顯著不同。可是當學期末，再次對這些學生進行智力測驗時，他們的成績明顯優於第一次測得的結果。這是什麼原因造成的呢？羅森塔爾認爲，這可能是因爲老師們認爲，這些大器晚成的學生開始嶄露頭角，便予以特別照顧和關懷，致使他們的成績得以改善。

這便是皮格馬利翁效應，又稱羅森塔爾效應，由於它反映了期望的作用，所以又稱爲期望效應。

6.安慰劑效應

所謂安慰劑，是指既無藥效又無副作用的中性物質構成的、形似藥的製劑。安慰劑多由葡萄糖、澱粉等無藥理作用的物質構成。安慰劑對那些渴求治療、對醫務人員充分信任的病人，能產生良好的作用，出現希望達到的藥效，這種反應就稱爲安慰劑效應。

使用安慰劑時，容易出現相應的心理和生理反應的人，稱爲「安慰劑反應者」。這種人的特點是：好與人交往、有依賴性、易受暗示、自信心不足，經常注意自身的各種生理變化和不適感，有疑病傾向和神經質。

7.巴納姆效應

有位著名雜技師，名叫肖曼　巴納姆。他在評價自己的表演時表示，因爲他的節目融入每個人都喜歡的成分，所以他很受歡迎。他能使「每一分鐘都有人上當受騙」。一種籠統的、一般性的人格描述，人們卻常常認爲它十分準確地揭示了自己的特點，這種現象在心理學上稱爲「巴納姆效應」。

有位心理學家做過一個實驗：他爲一群人做完明尼蘇達多項人格檢查後，拿出兩份檢查結果，讓參加者判斷哪一份更貼近自己。事實上，這兩份結果中，一份是多數人的回答平均值，另一份是參加者自己的結果。而參加者往往認爲，前者更準確地揭示自己的人格特徵。

巴納姆效應在生活中十分常見。比如算命，很多人算命後，都會覺得算命先生說得眞準。實際上，那些去算命的人，一般情緒低落、失意，對生活失去信心，沒有安全感。一個缺乏安全感的人，心理依賴性會比平時大大增強，更容易受到心理暗示。算命先生善於揣摩人的內心感受，很快就能覺察到求助者的感受，說些稍加安慰的話語，求助者內心立刻升起一股暖意，算命先生接下來似是而非、無關痛癢的「人生預測」，便會使求助者深信不疑了。

心理小遊戲

你追求什麼樣的人生價值？

請想像一下，當你年老時，以下三個場景，何者個最令你嚮往？。

A.閒來無事釣釣魚。

B.與兒孫去郊遊。

C.與老伴相互依偎。

測試結果：

選A：外在導向性目標，你希望對外表現自己，以滿足自己主導事物的欲望，一般以獲取榮譽爲目標。很多男性是這種類型。

選B：內在導向性目標，精神上的滿足所帶來的喜悅，遠遠勝於將自己的能力表現在外。珍惜與人的相處、愛情和友誼，因而追求閒適安靜的生活，能享受家庭帶來的幸福感。

選C：快樂指向性目標，喜歡在吃喝玩樂中，尋求人生的快樂，擁有更多的人生體驗，是你追逐的目標。

此項小遊戲到此結束，如果你有兩個以上的答案，難以選擇，那就表示你的晚年生活較穩定。

Part 2

無處不在的心理學現象

心理學如同多面鏡，能觀照出人們不同的內心變化，這種內心變化影響著我們的性格、行為、意識以及人際交往，讓我們不知不覺中透露出內心的祕密。為什麼心理學能對我們產生如此大的影響呢？是什麼控制了我們？讓我們掀開心理學的神祕面紗，一窺其廬山真面目。

心理學與生活

心理學所要研究和利用的「資源」，主要是我們的心理能力。人的心理能力是非常豐富的，是大自然賦予人類最珍貴的財富。

心理學是研究心理現象的科學，那麼，心理學與生活到底有無關聯？有什麼樣的關聯呢？日常生活中，我們每做一件事、每說一句話，多少都受到心理狀態和心理活動的影響和制約，儘管有時候我們覺察不到。說一個人發脾氣、鬧情緒，這就是一種心理活動；說一個人洋洋得意、意氣風發，這就是一種心理狀態；說一個人為何品行不佳、被動消極，這就是在做心理分析。懂得運用心理學管理自己，我們的生活才會幸福、才有意義，我們的學習、工作才會有所成就，與人相處將更合諧。

人的心理和生活是相互影響的。人一出生，即帶著心理能量而來，雖然這種能量是潛在的和不成形的。生活環境的差異，對人的早期心理發展，有著深遠的、導向性的影響。如果生長在充滿暴力的家庭，導致心理發展不健全，可能成為一個性格古怪、情緒反常、十分叛逆的人，他可能早早輟學，行為偏差，討厭家庭，討厭社會，甚至走上犯罪的道路。如果生長在和睦幸福的家庭，心理健康發展，自小學習關愛和幫助別人，懂得尊敬長輩，懂得好好學習，珍惜家庭溫暖——他可能會有一個幸福的人生。不同的生活環境，造就不同的心理發展，有不同心理特徵的人，會選擇不同的人生道路，是以心理學與生活互相影響。

人際吸引的心理定式

你有沒有發現，當你心情不好的時候，喜歡找A傾訴，而不是B；當你情竇初開之際，最讓你著迷的是不多話的C，而不是整天與你嘻嘻哈哈的D；身邊有很多朋友，但最知心的就那一、兩個。爲什麼會發生這種情況呢？爲什麼我們會喜歡某些人，而不喜歡另外一些人？最普遍的答案是：我們喜歡那些能給我們帶來好處的人。這是人際吸引的基本原則。

所謂好處，就是人們更願意接受對方正面的評價和認同，比如當我們買了一件新款的毛衣後，總希望別人誇讚幾句：「這款式是這季最流行的，你眞有眼光。」「顏色很好看，改天我也去買一件。」這樣的話當然是人人都喜歡聽的，此時，如果有人與你唱反調，說：「款式不錯，但看起來好像不是名牌貨。」「價錢有點貴，怎麼不等換季拍賣再買呢？」無論是誰，聽到前面那番話，心裡總是比較舒服，也對說這番話的人充滿好感，而後者難免有潑冷水之嫌。

除了這個基本原因之外，以下幾個因素，也會對人際吸引產生影響。

1. 個人特質

心理學研究顯示，一個人所具備的某種特質，會決定他是否受人歡迎。心理學家認爲，影響人際吸引的個人特質，包括以下三個方面：

（1）眞誠。眞誠，是影響我們形成對他人第一印象的主要特質。美國心理學家曾經做過一項實驗，他們讓被試者在眞誠、沉默、睿智、善良、勇敢、堅韌這六個詞語中，選出最喜歡的一個詞語時，近八成的人選擇「眞誠」。被試者普遍認爲，眞誠的人讓他們感到溫暖，讓人有信賴感。

（2）個人能力。能力出眾的人，在人際交往中更受歡迎，因爲與有能力的人往來，反映出「我也很優秀」這樣的類比心理。有能力的人也懂得用適當的小缺點或小錯誤，來讓對方覺得自己並不那麼「鶴立雞群」、高高在上。心理學實驗也證明，當能力突出的人有一點小小的疏忽或失態時，比毫無失誤時受歡迎程度更高。

（3）外表。毫無疑問，外表俊美的人，比相貌普通或醜陋的人，更容易引起他人的注意，在其他條件相等的情況下，外表出眾的人更招人喜歡。電影和電視螢幕上那些男女明星之所以大受追捧，很大程度上也是因爲他們美麗俊秀的外表。

2.相似性

人們喜歡選擇跟自己在態度、價值觀、人生觀、文化背景、社會階層以及年齡等方面有志一同的人往來。爲什麼會產生這種效應？心理學家認爲，與自己相似的人，一般認同我們的主張，支持我們的觀點，使我們更有信心。

3.互補性

在戀愛或婚姻狀態中，我們不難發現此一現象，要不男方性情暴躁，女方性格柔和，要不女方乾脆俐落，男方優柔寡斷。在外人看來，兩種性情截然不同的人，難以和平共處，但實際上性情相投卻勞燕分飛的不在少數。性格不同的伴侶，相處起來更有意思，這就是互補性的作用。

4.熟悉性

熟悉性也會對人際吸引起作用。一樣新東西拿在手中，也許你對它普通的樣子、簡單的構造不屑一顧，覺得它土裡土氣，沒什麼價值，但是當你整天把玩這件東西，時間一長，就會慢慢覺得它的普通、簡單正是它的價值所在，繼而產生喜愛之情。這樣的事情在我們身邊時有發生，是熟悉感醞釀出人們對它的喜歡。

5.接近性

彼此接近為什麼能引起吸引呢？接近性能增加熟悉性，而越熟悉，喜歡的可能性越大。接近性也與相似性有關，在可以選擇的前提下，人們往往會選擇在某些方面與自己相似的人。

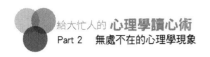

群體生活帶來的心理變化

我們經常能看到幾個中學生湊在一起聊天，或是夫妻帶著孩子逛街購物，幾個女孩子吱吱喳喳地在百貨公司挑衣服……很顯然，我們並不是孤零零一個人活在這個世界上，我們生活於群體之中。學生有學生的群體，家庭主婦有家庭主婦的群體，夫妻有夫妻的群體。他們依社會身分、工作屬性、任務目標、相同的興趣愛好等條件，組成相應的群體。

群體內的人相互依賴、相互影響，提供心理保障與歸屬感。群體生活對個人心理方面的作用，主要體現在以下幾個方面：

1.歸屬感

舉例來說，海外遊子選擇落葉歸根，就是對自己民族、國家具有群體歸屬感的表現。其實，人們對家庭情感的需求，也是一種歸屬感，正因如此，男人在外面喝得再多，最終也會回到溫暖的家中；女人與丈夫吵架後，賭氣回娘家，最終還是會回歸家庭。有些心理學家認爲，在人類進化的過程中，與他人建立聯繫，是得以生存下來的重要憑藉，團體能構成在狩獵、耕種、求偶、繁衍上，更好的條件與選擇。基於這個原因，歸屬感是我們心理的先天需求，爲了保持這種心理需求的穩定，人們本能地會防止群體關係的破裂。

2.認同感

意謂群體內的人，對一些重大事件或原則問題的認知，與群體所遵循的價值以及條件相一致。比如幾個大學生麻吉，當中有人戀愛了，那麼他對戀愛的態度和價值取向，往往會受群體同伴的影響。男舍寢室裡，如果大家都喜歡豐滿的女生，那各自交女朋友時，就容易會以「豐滿」這一標準，來物色自己的戀愛對象。

3.社會（團體）支持

承上，如果同一寢室內，有人結交了符合這一群體標準的戀愛對象，那麼其他成員便會對其加以贊許和鼓勵，以此來強化他的所作所爲。得到所屬群體的支持，是人們心理得以健康發展的要件之一，也能激發起人們更大的創造力和拼搏精神。這就是社會（團體）支持的力量，對於任何人來說都是必不可少的。

看到這裡，也許你應該想想，自己屬於哪類群體，不要忘記還有你的家庭、社團組織、工作夥伴，還有許多因一時的目的而組成的臨時群體。在群體內，人們無時無刻不在發生著互動，這些互動使人們相互依賴，你影響著他們的心理狀態，他們也影響著你的心理狀態。

夢是窺探心理行為的窗戶

人人都會做夢，除非你不睡覺。人的一生不知道要做多少個夢，這些夢有好有壞，有長有短；有的夢，一覺醒來就忘了，有的還能依稀記得一些。絕大多數的人對自己做的夢不以為意，會說「一場夢而已」。實際上，夢裡面隱含著一個心理世界。

精神分析學說的創始人——佛洛依德認為，夢是人的潛意識的顯現。透過夢境可以分析一個人的潛意識世界，即「夢是通向潛意識的捷徑」。解析夢境，是佛洛依德精神分析學說的重要組成部分，是探索潛意識夢境心理的最基本的途徑。

「夢是願望的滿足」，這是佛洛依德夢境解析最經典的觀點。他把夢境內容的意義分為兩種類型：一種是表象，做夢的人可以憑藉回憶，想起夢的內容，很容易理解它傳遞出來的意義；一種是深層意象，做夢的人需要憑藉聯想或精神分析，才能知道隱含在夢境背後的意義。

對於表象的夢境，在佛洛依德看來，是毫不掩飾自己願望的顯現。他曾做過許多實驗來證明自己的觀點。有一次臨睡前，佛洛依德吃了大量使人乾渴的食物，結果他夢見自己到處找水喝，在第二天醒來之後，他也確實想喝水。

與直接體現做夢者需求的表象夢境相對，經過一番「偽裝」、改頭換面的夢境最難分析，也最容易暴露做夢者的潛意識心理。為什麼會有這種的夢呢？佛洛依德認為，因為在我們各種被壓抑的潛意識當中，有很多是不被社會輿論、社會道德認可的深層心理活動，只有在夢境當中，這些被壓抑的、具有「本能衝動」的潛意識，才能盡情發洩出來，但是當我們試圖回想的時候，發現那些夢境不知所云。因此，只有將表象的夢境和這些「喬裝打扮」的夢境對照起來，才能發現夢是如何滿足人的願望的。

利用這種對照，夢主要透過以下四種方式來完成：凝縮、換位、象徵以及潤飾。在這四種方式中，最常見也最為人們接受的，是夢的象徵方式。夢的象徵是指把夢境所傳遞出來的意涵，透過夢境中出現的各類具體事物表現出來。這種方式在現實生活中極為常見，比如白鴿象徵和平，奧運會的五環旗象徵全人類的團結，藍色象徵憂鬱，綠色象徵希望。

如夢見蘋果，象徵乳房；夢見小動物，象徵兒童或兄弟姐妹；夢見皇帝和皇后，象徵父親母親；夢見墜落，象徵處女膜破裂；夢見騎馬，象徵做愛；夢見蛇或矛，象徵男性生殖器；夢見枕頭，象徵女人；夢見吃東西，象徵對某種事物渴望強烈。

按照佛洛依德的理論，這是一種「符號聯想」，但他也告誡我們，不要過度詮釋符號的意義，它只是具有簡單的輔助作用。不管是男人還是女人，都可能做過與「性」有關的夢，但這並不意味著做夢的人性欲就十分強烈，整天滿腦子想的都是這些事，從解析夢境的角度來看，反映出這個人在現實生活中，正專注地做某件事，或者正準備挑戰一個新的難題。

夢的世界就是這麼奇妙，很多奇異的現象，有待專家繼續深入研究。

性格是與生俱來的嗎

爲什麼有人性格懦弱，而有些人卻格外剛強？性格是從娘胎裡帶來的，還是受到後天環境的影響呢？人的性格，是由遺傳基因和環境因素共同決定的。心理學家研究發現，相對於遺傳因素，外部的環境因素對性格的影響，有著更爲重要的作用。

在鼓勵增產報國的年代，每個家庭的孩子，少則兩個，多則三個、五個，雖說是同一個母親所生，長在同一個家庭，但是這些孩子的性格卻千差萬別。難道父母對他們的養育方式各有不同嗎？

先來看看日本的一份調查資料：商社的部長級人物中，有43％都是家中的長子；從事公益活動的女性中，有46％是家中的長女，而獨生女連2％都沒有。這份調查資料也顯示，在日本體育界，超過一半的選手都是家中最小的孩子。

不管家中有多少孩子，身爲母親，懷孕、分娩、養育第一個孩子，都是第一次，而到了第二胎、第三胎或是第四胎，父母對孩子的期待會發生變化，這種變化傳遞到孩子身上，就是希望家中的老大能快快長大，而對其他的孩子，則希望他們永遠是孩子。父母對不同孩子，採取不同的態度和教養方式，導引孩子不同性格的形成，也在心理層面上有所影響。

父母對大孩子總會這樣說：「你是當哥哥的，什麼事都要讓著弟弟妹妹。」孩子們常聽到這樣的話，內心會自然產生「我要擔當」的自覺性，自發地培養責任感，注意在弟弟妹妹中間建立權威，慢慢地形成較強的忍耐力和奉獻精神，正因如此，家中長子的性格往往比較堅強，更願意爲他人著想。

對小的孩子，父母通常會說「我們不在家的時候，你們要聽哥哥姐姐的話」，或「哥哥姐姐會帶你們玩的」。因此，一般來說，次子或是幼子都比較有依賴感，自信心不是很強，正因爲自信心不強，他們更珍視自己的自尊，透過各種方式讓自己成爲眾人關注的焦點。一個有趣的研究表明，容易搬弄是非的往往就是家中的幼子。家中的這些老二、老三、老小，對於食物，一般很挑剔，愛面子，不願意或不堅持獨立思考。長大後的成就，也往往不如家中的哥哥姐姐。

因爲有著這樣的原因，心理學家將家庭環境和父母教育，看成是最大的外部環境因素，並細分出以下四種性格類型：

1.活躍型

人際交往能力十分突出，有各種各樣的朋友；喜歡顏色鮮豔的衣物，喜歡新鮮事物；對自己的缺點有充分認知，喜歡向他人闡述自己的意見，而且口才出眾。

2.能力型

很獨立也很固執，有自己的一套理論，極難被他人說服；執行力強，做事有效率；有很強的時間觀念，但是脾氣暴躁；喜歡領導別人，喜歡自主掌控自己的命運。

3.完美型

對周圍事物特別敏感，容易感傷，極爲注重細節；不喜歡出風頭，不願意成爲焦點。

4.服從型

不會給別人添麻煩，遵守既定規則，非常注重他人的看法，心胸開闊，不喜歡與人爭執，凡事喜歡適可而止。

人們常說，環境改變性格，性格決定命運。正如壞孩子能變成好孩子，罪犯也能改過自新一樣，偏差的性格透過外部環境的矯正，依然能「脫胎換骨」，受到大家的歡迎。所以，假如你脾氣暴躁、心胸狹窄，不要「獨自面壁，悶悶不樂」，改變一下你所處的環境，或許會是個不錯的開始。

心理性別對男女的影響

「你是男人，要有男人的樣子！」
「她做什麼事都大大咧咧的，一點都不像個女人。」
「要我換燈泡？那是你們男人的事。」
「老婆，我肚子餓了，快去弄點吃的。」
……

你可能經常聽到這樣的話，或許你就是其中的主角。從這些話語當中，我們很自然地看到，社會對兩性不同的角色分工和性別定位，若是行爲與既定認知不符，往往遭來非議。

這些都是由男女的生理性別所決定的，但研究者發現，影響男女性別的還有心理原因，即「心理性別」。有時我們會看到這樣一種現象：雖然是女兒身，行爲舉止、說話方式卻充滿男人味，她們剪著短髮，使用著男性化的詞語，刻意把皮膚曬黑，掩飾自己的女性特徵，在衣服顏色的選擇上也以黑灰爲主。同時，有些男性也會往女性化方向發展。他們喜歡穿短小的緊身衣，說話柔聲細語，皮膚細緻，熱衷於各式化妝品，不喜歡外出。一些心理學家認爲，「宅男」現象的出現，與這一「心理性別」的轉變不無關係。

社會心理學家將「心理性別」產生的原因歸爲兩大方面，一個是家庭撫養方式，一個是社會和環境要求。

我們經常能看到這種情況：有些夫妻喜歡女孩，結果生了個男孩，於是他們就把男孩當女孩養，給他穿女孩的衣服，買女孩的玩具，灌輸給孩子女性的思維和情感表達方式。在這種撫養方式下成長的孩子，會自然地形成「我是女孩」這一觀念，隨著這種觀念的深入，他會自覺地以社會對女性的要求來約束自己。父母常常會抱著自己的孩子和鄰居或是朋友見面、聊天，大家關注的焦點，自然在孩子身上，當看到孩子穿戴著漂亮的女孩衣服，行為乖巧，舉止可愛時，便會認為這孩子真好，要求孩子保持這份「乖巧」和「可愛」。外部環境的認可，更加深了父母，尤其是孩子的「心理性別」，認為「我就應該是這樣」。如果一個孩子到三歲，一直保持著這種「心理性別」，那麼長大後想要改變就非常困難。

這種「心理性別」的產生，跟家庭結構轉變、獨生子女增多不無關係。由於家裡只有一個孩子，父母便格外疼愛，生怕照顧不周，委屈了孩子，給他們盡可能舒適的成長環境，這讓男孩養成了膽小怕事、柔弱猶豫的性格；對於女孩，雖然也愛護有加，但是為了以後不受他人欺負，反而嚴格要求，培養女孩堅強的性格。

在心理學家看來，男性變得女性化，女性變得男性化，與其說是一種性別向另一種性別的接近，不如將其看成是朝中性化發展。社會依靠生理性別來進行角色分配的必要性，正在逐漸弱化，而由「心理性別」主導的社會性別差異，正在逐漸影響著我們的生活。

用深層心理學解讀性行為

對於夫妻來說，性行爲是彼此增加感情、增進交流、體驗對方感情最直接的方式之一。性行爲不僅能帶來生理上的快感，更重要的是精神層面的愉悅。

但是對於研究深層心理學的專家來說，性行爲首先是人類生存延續的本能，這種本能既有透過性行爲，感受無上快感的欲望，也包含把人推向毀滅的破壞性力量。所謂破壞性力量，就是生死一瞬間的體驗，即性高潮的發生。

除了本能的需求之外，性行爲的衝動，更多的是來自雙方透過視覺而產生的興奮。過去的傳統觀念認爲，男性僅憑視覺就能產生性興奮，於是也就有了男人是「視覺動物」這一說法，而女性的性興奮更多的是來自氛圍。但是最新的研究顯示，其實女性和男性一樣，也會因爲視覺刺激而產生性興奮。

美國的心理學家做過一項實驗，他們讓被試者看裸體照片以及性愛影片，透過被試者瞳孔的擴大程度，來測定他們對對象的關注程度。結果顯示，女性和男性同樣對於照片以及影片中的異性裸體，產生興奮反應，雖然女性被試者並不承認自己受到了性的刺激。心理學家認爲，這是因爲女性沒有自覺意識到自己受到性的刺激。

事實上在生活中，無論是男性還是女性，都受視覺的影響來判斷誰更能強烈地吸引自己，從而產生對於性的興奮和嚮往。根據心理學家的調查，在男性眼中，最能吸引他們的女性部位是胸部，其次是臀部、腳、臉，最後是頭髮。

心理學家還發現一個有趣的現象，在認爲女性胸部能引起興奮的男性當中，也會因爲宗教信仰和職業的不同而有所差異。法國的一項調查顯示，運動員和喜歡騎自行車的人，更喜歡胸部較大的女性，而對宗教意識強的人來說，較小的胸部對他們更具吸引力。

在對女性的調查中，研究者發現，男性的臀部是她們最爲關注的部分，尤其是小而且形狀端正的臀部，更能讓她們感受到男性的魅力。這與人們的補償心理有關。人們常說，自己沒有的，正是夢寐以求的。男性沒有豐滿的乳房、纖細的腰肢，自然，具備這些特徵的女性更受到他們的注意，女性喜歡男性小且形狀端正的臀部，也是出於同樣的原因。

雖然男性和女性都是依靠外在的視覺衝擊，來達到刺激興奮神經的作用，但是相對而言，男性在兩性活動中，扮演著更爲主動的角色。他們透過語言和行動，來向對方表達自己的愛意，通常來說，女性是依靠化妝和打扮來吸引男性的注意，期待男性有所行動。

壓力會給心理帶來哪些影響

壓力不僅影響人的生理，更影響人的心理。適度的壓力有益於我們的心理成長，增加生活情趣，激發我們的進取心，有助於我們更敏捷地思考、更勤奮地工作，增強我們的自尊和自信，因爲有了具體的、能夠付諸努力並實現的人生目標。然而，如果壓力過大，就會使我們心力衰竭、行爲失序。由於目標意義減少，並且毫無希望、難以實現，就會使我們感到自己是無用之人，毫無價值。若未妥善處理、疏導，極可能造成傷害，使人垮掉。

在面臨壓力、需要做出決定時，常常會出現停頓，一旦做出決定，便會有反抗（或應付）壓力階段，緊接著（如果拖延時間，超出了個人的承受能力）就會是筋疲力盡階段。處於反抗階段時，心理作用會加強，從反抗到衰竭是漸進的過程，而一旦衰竭，心理功能就徹底停止作用。

由於生理和心理作用密切相關，生理和心理能量不可分割，在生理上越感到衰竭，我們對壓力的心理反應便越是衰竭，反之亦然。有些人只要一發現生理受損跡象，心理上也退卻了；而另一些人則相反，他們靠意志力堅持著，哪怕超出了生理衰竭程度。

壓力的負面影響因人而異，我們將其影響分爲：對思考和理解的影響，與對感情和性格的影響。

1. 難以聚精會神，觀察能力減弱，經常遺忘正在思考或談論的事情，甚至剛進行到一半就卡

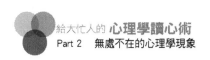

住。

2.記憶力變差，對熟悉事物的記憶力和辨別能力下降，反應變慢等，因而在處理和認知事物時錯誤百出，做出的決策令人懷疑，無法準確地分析現有的條件並預料未來的後果。

3.對現實的判斷缺少理智，客觀公平的評判能力降低，思維模式變得混亂無章，情緒控制力失常，幻想並加大壓力所帶來的病痛，健康快樂的感覺消失殆盡。

4.愛清潔、很仔細的人，會變得邋裡邋遢、馬馬虎虎；熱心腸的人變得冷漠，已經存在的焦躁憂鬱、神經過敏、自我防範、充滿敵意的性格更加惡化；行爲規範和對性衝動的控制力減弱（或變得非常暴躁），發怒的次數增加。

5.精神萎靡不振，挫敗感和失落感籠罩，無價值的感覺增強。

6.表達力受影響，人生目標蕩然無存，放棄興趣愛好。由於假想病的產生，自己製造出許多藉口，於是遲到、曠職層出不窮，對酒精、咖啡因、尼古丁上癮，甚至吸毒痲痺自己。

7.重新劃分界線，把本屬於自己的責任劃出界外，採取「有洞補洞」或應付式解決的消極作法，在某些方面採取「事不關己，高高掛起」的態度，舉止古怪、出人意料，產生無性格特徵的行爲，有「一了百了」、「活著無用」的念頭。

這些有害影響是因人而異的，即使在遭受最大限度的壓力時，也很少有人表露全部症狀。嚴重程度也是因人而異的，但這些症狀的出現，說明個人已經達到或正在達到不良適應的精疲力盡階段。倘若發現有上述症狀，乃是警訊，應及時調整。

人格為何發生「障礙」

魏晉名士給人的印象是瀟灑飄逸，他們以服食寒食散（一種中藥散劑）爲時尚，以示自己的身分。但服用寒食散後，常常會燥熱難忍，要不斷地散步、喝熱酒、洗冷水浴來驅散體內的毒素，稍有不慎，便會一命嗚呼。然而越是如此，這些名士越是樂此不疲、趨之若鶩。這些名士的行爲，從心理學的角度來看，無疑是一種人格障礙。什麼是人格障礙呢？

人格障礙，是指由不健全的人格發展或病態人格所導致的、對社會不適應的行爲模式。發生人格障礙的人，以自我認同而不是社會認同的行爲，做出相應舉動，這種舉動往往造成本人生活的困難，或給別人造成困擾。

西方最早的有關人格障礙的記錄，來自兩百多年前的法國。一個鄉村婦女因言語不慎，觸怒一個患有人格障礙的男子，遭對方投入井中淹死。此男子自小備受母親寵愛，有求必應，一旦不能滿足他的要求，立刻大叫大罵。長大後，他更加專橫跋扈，家裡養的狗衝他叫，竟將狗活活踢死。現在看來，這個病例很可能是「反社會人格障礙」。

如何判斷自己或他人是否有人格障礙？可以從以下五點入手：

1. 擁有與別人難以相處的怪異性格，這類怪異性格又往往影響心理的穩定。
2. 常常把個人困難歸咎於別人的過錯，或是命運對自己的不公，在這種心理的支配下，認爲外界的一切都是荒謬的存在。

3.不顧他人感受，總是強調自己的利益和想法，始終將將自己擺在第一位，無視其他。

4.以猜疑、仇視的心態看待他人，從而影響他人的心情和生活。

5.對因自己的怪異行爲而對他人產生的影響，沒有絲毫的愧疚感，處之坦然。

人格障礙有很多種表現形式，比如分裂型人格、偏執型人格、反社會人格、消極攻擊型人格等。

分裂型人格是以奇特觀念、奇特行爲，在人際交往中有明顯缺陷爲主要特徵。具有分裂型人格的人喜歡獨處、沉默、不喜歡交朋友，也很少參與社會活動。看似有點「世外高人」的意味，實則是與世隔絕，沉溺於各種各樣的幻想之中，影響正常生活。

偏執型人格又被稱爲妄想型人格，其典型特徵就是毫無理由地過高評價自己，而將自己所遭遇到的挫折與困難，全都歸結於別人的過錯。一項調查資料發現，具有偏執型人格障礙的人數，占心理障礙總人數的5.8%。但是偏執型人格的人很少有自知之明，對自身的偏執行爲毫無察覺或持否認態度，實際情況可能要遠超過這個比例。

反社會人格也稱精神病態或悖德性人格。這種人格障礙，是心理學家和精神病學家最爲重視的人格障礙類型，一八三五年，德國的皮沙爾特發現並提出這一概念。患有反社會人格障礙的人，一般來說，相貌和智力都算是優秀層級，所以很容易引起別人的好感，但是這類人在對待他人和做事上，缺乏應有的責任心，對自己的過錯沒有羞恥之心，以自我爲中心，情感冷漠，生活沒有目標、沒有計劃，更沒有方向。心理學家一般認爲，反社會人格障礙的產生，主要是由於家庭環境的影響，以及中樞神經系統發育不成熟。

消極攻擊型人格又稱被動攻擊型人格。在生活中，我們常能看到這樣一種人，他們明明有某方面的才能，卻不願意發揮出來，以怠工的方式表達不滿，對別人的忠告置若罔聞，在與他人一起工作時，故意與對方作對。這些都是消極攻擊型人格的表現形式。消極攻擊型人格往往對自己缺乏自信，對前途充滿悲觀。要注意的是，在兒童時期具有叛逆心理的人，長大後更容易發展爲消極攻擊型人格。

除了以上提到的幾種類型外，人格障礙還包括：戲劇型人格、自戀型人格、依賴型人格、逃避型人格、分離型人格、強迫型人格、臨界型人格等十餘種類型。

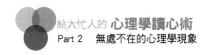

「錯覺」的千姿身影

有時候人們會產生各種各樣的錯覺，即我們的知覺不能正確地表達外界事物的特性，而出現種種歪曲。簡單地說，錯覺就是不符合刺激本身特徵的錯誤的知覺經驗。它與幻覺或想像不一樣，因爲它是對應於客觀的和可靠的物理刺激，只是似乎我們的感覺器官在捉弄我們自己，儘管這樣的捉弄自有其道理。

在日常生活中，有著數不清的錯覺。一斤棉花與一斤鐵，哪個比較重？許多人會脫口而出：鐵比較重。再如，聽報告時，報告人的聲音是從擴音器的側面傳來的，但我們卻把它感知爲從報告人的正面傳來。又如，在海上飛行時，海天一色，找不到地標，海上飛行經驗不足的飛行員，因分不清上下方位，往往產生「倒飛錯覺」，造成飛入海中的事故。另外，在某些心理狀態下也會產生錯覺，如惶恐不安時的「杯弓蛇影」、驚慌失措時的「草木皆兵」等等。

關於錯覺產生的原因雖有多種解釋，但迄今都不能完全令人滿意。客觀上，錯覺的產生，大多是在知覺對象所處的客觀環境有了某種變化的情況下發生的；主觀上，錯覺的產生，可能與過去經驗、情緒以及各種感覺相互作用等因素有關。

多數人認可的解釋是，從人本身的生理、心理角度出發，比如把錯覺歸因於是同一感覺分析器內部的相互作用不協調，或多種分析器的協同活動受到限制，提供的信號不一致。但是，外在因素同樣也會引起我們的錯覺。曾有一個實驗：分別從富裕家庭和貧困家庭中挑選十個孩子，讓他們分辨從一分到五十分（美元）硬幣的大小。實驗發現，來自貧困家庭的孩子比來自富裕家庭的孩子，要高估錢幣的大小，尤其是五、十和二十五分值的硬幣。而當錢幣不在眼前，只靠記憶估測，或者把錢幣換成相同大小的硬紙板時，則高估情況會急速降低。這個實驗證實：不同家庭環境中的孩子所形成的態度和價值觀，對知覺有不可忽略的影響力。

錯覺雖然奇怪，但不神祕，研究錯覺的成因，有助於揭示人們客觀世界的規律。研究錯覺，可以消除錯覺對人類實踐活動的不利影響。如前述的「倒飛錯覺」，研究其成因，在訓練飛行員時增加相關的訓練，有助於消除錯覺，避免事故的發生。此外，我們還可以利用某些錯覺爲人類服務，人們能夠透過控制錯覺，來獲得期望的效果。建築師和室內設計師常利用人們的錯覺，來創造空間中比其自身看起來更大或更小的物體。例如，一個較小的房間，如果牆壁塗上淺色漆，在裡面擺放一些較低矮的沙發、椅子和桌子，房間看起來會更寬敞。電影院和劇場中的布景和光線方向，也被精心設計，以產生電影和舞臺上的錯覺。

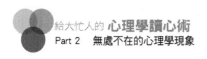

文化不同，心理各異

日本人的搬家公司在接到委託電話後，會先派員到顧客的家裡看一下，詳細記錄需要搬出的貨物，然後當場回報需要用多少紙箱子和多少膠布，打包時絲毫不差。如果膠布有剩餘，他們會把剩下的膠布粘上一個角，好讓下一個使用者容易撕開。

在外人看來，這是日本民族做事嚴謹、注重細節的具體表現。而當我們談起美國人的時候，通常會認為他們性格開朗，對人熱情；說起我們自己——中國人，大多數人都會在第一時間脫口而出：勤勞善良，性情靦腆。之所以會有這樣的不同感受，是因為文化背景的不同。

文化背景是指生活在特定範圍地域內的人們，其思想、信念、生活方式與行為方式的總稱。文化背景對人的心理有著重要的影響。除了前面所談到的，不同國家人們的不同性格與行為外，一個國家內，由於氣候、習俗和經濟發展的不同，人們所體現出來的行為心理也各有差異。對此，心理學家曾經做過一個有趣的問卷調查，問卷的內容是：如果你患了某種疾病，是否會馬上到醫院就診？美國人的回答是：馬上打電話給自己的家庭醫生或立刻開車去醫院；法國人的回答是等度假結束後再考慮這個問題；日本人的回答是：先去神社禱告一番，再去醫院。

在眾多的因文化背景不同而產生的不同心理反應當中，心理學家最為關注的，是個人主義與集體主義對大眾心理的影響，因為這直接反映出東西方不同價值觀的取向。

從文化特徵來看，以美國爲代表的西方文化，是一種典型的個人主義文化，而以中國爲代表的東方文化，是一種集體主義文化；從人格和文化的關係入手，個人主義和集體主義實際上也是一種人格特質。

心理學家研究發現，具有個人主義傾向的人，具有如下主要心理特徵：

1. 較強的自我認同性。
2. 有自我實現的信念。
3. 能自我控制行爲。
4. 能依照社會既定的道德規範行事。

集體主義者的心理特徵如下：

1. 更注重人際關係的發展。
2. 願意與人分享自己的物質和精神財富。
3. 容易意識到自己的不足之處。
4. 對家庭和親人的依賴感強烈。

從心理學的角度來說，個人主義文化和集體主義文化間，最大的心理差異在於「服從性」。來自集體主義文化的人，有較高的服從傾向。美國心理學家在對在美國留學的中國學生的研究中發現，在他們處理與導師的關係時，服從的傾向高於美國學生對導師的服從。當他們遇到困難時，更願意得到上下級的幫助，而不像美國學生那樣求助於同級的朋友。

其實不管是生活於個人主義文化背景中，還是生活於集體主義文化背景中，就心理層面來講，都具有不可避免的局限性。譬如前言提及，日本人做事嚴謹、注重細節，這當然是基於這個民族文化背景普遍存在的心理特質。但是也要注意到，大咧咧、毛手毛腳的日本人，也是大有人在的。

心理小遊戲

你瞭解自己的個性嗎?

如果你有一棟自己的別墅，而且可以按照自己的意願去設計，你會設計什麼樣的柵欄呢？

A.房子周圍用木柵欄圍起

B.房子周圍被磚包圍

C.房子周圍有鐵柵欄包圍

D.房子周圍種許多花草樹木

測試結果：

選A：你愛恨分明。對於你喜歡的人，你會熱情相待，融洽相處；對於你不喜歡的人，則冷若冰霜，愛理不理。因此，對你不瞭解的人，常會對你產生誤解。不過，你會心甘情願向自己的意中人付出一切，盼共譜一段轟轟烈烈的戀曲。

選B：你常常孤高自詡。因爲不服輸的個性，常常會將主動權緊握在自己手上。你很重視自己的私生活。

選C：你活潑開朗，與大部分人都能輕鬆交往，擁有很多同性與異性朋友，屬於社交家類型。你雖然心胸開闊，能接納各種類型的人，如果一味地當爛好人，恐怕會招來不必要的誤會。

選D：你對異性不是很尊重，甚至態度不夠成熟，常有不專情的行爲。另外，你的個性比較消極，沉默寡言，交際面較窄，但非常重視自己的家人和朋友，是個保守型的人。

Part 3

世事中的心理現象

在心理學家看來，人們的種種行為都有其特定的心理原因。看完以下內容，你或許會發出一聲驚歎 — 原來我們的焦躁、嫉妒、煩惱、冷漠，還有獨特的喜好，都源自我們「不安分」的內心。

八旬老翁摔倒，為什麼沒人扶

一位太太到市場買菜，路上看到一大群人圍在一起，她好奇地走過去，看到一個八十來歲的老翁倒在地上，痛苦地呻吟著，雖然有很多人圍觀，卻不見誰出手幫忙。她覺得很奇怪：大家為什麼都這麼冷漠呢？看到倒在地上、滿頭白髮的老人，她向前邁了幾步，快到跟前時，卻突然停下來。她一手拎著菜籃子，一手撓了撓頭髮，看了看周圍的人。這時，她發現，別人也在看著周圍的人。猶豫了一會，最後還是沒有上前把老人家扶起來。

買菜回家後，這位太太無心做飯，坐在沙發上左思右想。她平時也是個熱心腸的人，鄰居有事，她都會主動幫忙，可今天為什麼不幫那個倒在地上的老爺爺呢？自己什麼時候開始變得冷漠了？

當有人遇到困難時，圍觀的人很多，實際幫忙的卻一個都沒有，這種現象在社會上時有發生。這一現象引起心理學家的注意，並進行大量實驗加以研究。實驗結果顯示，在緊急情況下，只要有他人在場，個體幫助別人的利他行為就會減少，而且隨著圍觀者的增多，利他行為減少的程度越高。心理學家將這種現象稱為「旁觀者效應」。

心理學家認為旁觀者效應的產生，來自「社會影響」及「責任分散」兩方面。

社會影響是指一個人在不能瞭解確切情況下，要做出干預緊急事件的決定時，他就會觀察別人的行動，看看他們會有什麼反應。這樣做的不只他一個，周圍的人其實也在觀察別人的反應，於是很快就發展成集體性的坐視不救的局勢。他人在場，還可以形成一種責任分擔心態，他會這樣想：這情況又不是我造成的，我也沒必要去承擔責任，周圍還有那麼多人，肯定會有人出手相助的。大家心裡都這樣想，結果誰都沒有出手幫忙。

上例中的太太，當時就是在這種心理作用下，從熱心助人變成袖手旁觀。

假如現場只有她一個人的話，必會覺得責無旁貸，迅速作出反應，幫助那個倒在地上的老者。因爲這時沒有別的旁觀者可以分擔責任，如果她不幫忙，內心就會產生罪惡感、內疚感。但有許多人在場的話，幫助求助者的責任就由大家分擔，形成責任分散，每個人分擔的責任很少，旁觀者甚至可能連他自己的那一份責任也意識不到，就容易造成集體冷漠的局面。

心理學家對此所做的解釋，不是要給你一個冷漠旁觀的理由，而是讓人們更清楚地認識自己的行爲。我們不是孤獨地生活在地球上，我們每天都和千萬人發生著各種各樣的關聯，當遇到需要幫助的人時，請不要觀望，也不要猶豫，「該出手時就出手」。

人到中年為何出現情感空虛

心理學家將中年人的心靈寂寞，稱爲「情感飢渴症」。「情感飢渴症」是用來描述一種對愛情極度渴望，卻又無法獲得滿足的心理情感障礙症狀。有這種情感障礙的人，有點像酒癮症患者那樣，沒完沒了地求愛，甚至甘願冒著家庭破碎的風險，去追求愛情的刺激。

四十四歲的張女士，原本有個幸福和睦的家庭，但是現在已經成爲過去式。有段時間，她沈迷於電視偶像劇，深陷於纏綿悱惻、愛得死去活來的劇情之中。漸漸的，她開始對自己的婚姻狀況不滿，認爲自己的生活乏善可陳，丈夫除了工作還是工作，孩子不再像從前那樣天天黏著她。

張女士希望有個浪漫溫柔、懂得生活的男人，走進自己的世界，渴望澎湃熱烈的愛情。她開始有意識地打扮自己。沒多久，她的身邊出現幾個非常優秀的追求者。她與其中一位有家室的中年藝術家展開交往。她對這份感情十分投入，但藝術家卻因不堪情感壓力提出分手。丈夫發現她的出軌後，也提出離婚。張女士陷入痛苦中……

這樣的情況，在當今社會並不鮮見。情感飢渴症不僅發生在女性身上，也同樣發生在男性身上。爲什麼情感飢渴症特別「鍾情」中年人呢?在心理學家看來，主要有以下兩種原因：

1.平淡生活的產物。步入中年階段的男女，事業相對穩定，夫妻間的感情也日趨平淡，兒女們大多長大成人，空虛寂寞感油然而生，容易產生對新情感的渴求。這個時候如果放任這種

「渴求」，就會變成強烈的、不理性的情感，甚至會不顧一切地追求不切實際的浪漫愛情。這種所謂的浪漫，往往背負著更大的風險。

2.失落感和危機感的雙重作用。人到中年，頭髮稀疏、皺紋增多、精力減退，青春不再，很容易產生失落感，尤其看到自己在很多地方力不從心，而身邊的年輕人卻隨心所欲、精力充沛，既羨慕又懷念，這也是他們發生情感飢渴症不可忽視的原因之一。

中年人比年輕人更易受情感的傷害，婚姻心理學家由此指出，冒著家庭破碎的危險，去尋求不正當的情感生活，對於中年人來說是得不償失的。中年人應以經營精神生活為主，以平常心來對應內心對情感的需求。進入中年階段的夫妻，有很多方式可以進行情感溝通，比如參加各種文藝活動，多向伴侶示愛，或許僅僅一個微笑就已足夠，重要的是，你要傳遞出關鍵訊息：你在乎他（她）。這是防止情感飢渴症發生的最好方法。

你患上財富嫉妒症候群了嗎

先來做個問答題：願意和有錢人做朋友嗎？

你也許會回答願意，也許會回答不願意。不管回答為何，通常你都會表現得很乾脆。那麼，換個問題：你會嫉妒比你有錢的人嗎？

一些人會沉思一番後才回答：不會。這個答案通常與你心裡的眞實感受大相逕庭，因爲你會擔心，在表示「我會嫉妒別人比我有錢」後，別人會懷疑你的人品，覺得你小肚雞腸，甚至會認爲你不可往來。實際上，這些擔心都是多慮，對於比自己富有的人，不管是喜歡、親近還是暗自嫉妒，都是正常現象。心理學上雖有「財富嫉妒症候群」這一說法，但它只是用來解釋某一現象，而非關乎道德評價。

對財富的嫉妒，深藏於每個人的心中，有所區別的是，有的人表現得更明顯，有的人隱藏得更深。有的人不喜歡被問及有關對別人的財富是否嫉妒的問題，有的人甚至會有反抗反應，在心理學家看來，越是表現出這種行爲，越說明其本身有著較強的對財富的嫉妒心理。

什麼樣的人容易發生「財富嫉妒症候群」呢？社會心理學家透過對北京、上海、深圳和重慶四個城市的調查發現，有6.7％的北京白領，對自己朋友的財富，更容易產生嫉妒，而對同事和上司沒有嫉妒心理；在上海，3.3％的中層主管，對同級主管的財富，較容易產生嫉妒心；重慶4.2％的受薪階層，對親戚朋友的財富嫉妒心，比其他城市的人表現得更強烈；在深圳，有6.7％

的公司老闆，對其他行業老闆，財富的嫉妒心更強烈。

在被問及對熟人的嫉妒心更強烈，還是對陌生人的嫉妒心更強烈時，52%的北京人、50%的上海人、68%的深圳人和40%的重慶人都選擇熟人，並且承認自己的財富嫉妒心理，會隨著時間的推移而增加。

產生財富嫉妒心理以及財富嫉妒症候群比例的攀升，與特定人群的收入水平相關。月收入在三萬元以下的人，有財富嫉妒症候群的比率為52%；月收入在三萬到五萬元的人，占比為53%；月收入在五萬到七萬元的人，此一比率最高，達到66%。

除此之外，財富嫉妒症候群與行業也有相應關聯。在對物流、銷售、金融、建築、教育、文化這六大行業進行調查後發現，銷售行業的財富嫉妒傾向最低。心理學家認為，銷售行業的收入比較公開，從事銷售的人認為，同事或者朋友的收入高於他們是「合理的」，因為收入完全與銷售業績相關。

財富嫉妒症候群是正常的心理現象，所以有這種心理時，並不需要特意調整。將對他人的嫉妒轉化為動力，去創造更多的財富，那麼一切都會朝著你所希望的方向發展。

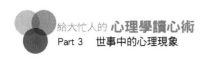

為什麼年輕人喜歡「宅」

還不知道「宅」的意思嗎？那你就OUT了！「宅」是當下最流行的詞語之一。

朋友們談起阿木，都說他是典型的「宅男」。阿木三年前從老家來到臺北，在一家網路公司擔任程式設計師。阿木的生活呆板而無趣：上班，下班，吃飯睡覺，周而復始。有時候忙起來，連續十幾天都得守在公司待命。按他的說法就是「沒有娛樂的人生，只有工作的生活」。

兩年後，阿木離職，也搬了家。不久，成為一家設計公司的外包人員。他不需要去公司上班，只要按時交件就行，這也正是阿木願意接受低工資的原因。此後，他的朋友就很難再見到他的身影，有時打電話過去，手機也是處於關機狀態。

阿木現在工作、生活都在家裡完成，一臺筆記型電腦，一曲舒暢的音樂，一份悠然的心情。每天睡到自然醒，吃飯叫外賣，報紙刊物定期寄送到家中。除了外出理髮和倒垃圾，阿木幾乎大門不出、二門不邁，整天窩在家中。除了設計公司的工作外，他還找了幾份替時尚刊物畫插圖的兼職。他現在常說的一句話是「我過得很愜意」。

過得愜意，活得瀟灑，能自主掌控生活和工作，這或許是選擇「宅人」們的普遍想法。外面世界太複雜，與人交往太麻煩，開口說話太累人，「宅」在家中敲敲鍵盤，曬曬太陽，心情鬱悶還能大聲呼喊，這樣的生活也算得上是人間神仙了。但是，在心理學家看來，「宅」的生活方式卻隱含著一個嚴重的心理問題，那就是「主動自閉症」。

主動自閉症，是成年人最常見的心理障礙之一，與社會的急速發展變化緊密相關。

雖然年輕的「宅一族」，在這種狀態中自得其樂，但是在其內心深處卻是自我逃避，繼而產生出不願意與人溝通、害怕和人交流、討厭與人交談、逃避社會、遠離生活、精神壓抑、對周圍環境敏感等消極的心理症狀。由於這種心理作祟，這些看似自在自主的「宅一族」，實際上常常忍受著難以名狀的孤獨寂寞，更容易產生社交障礙、喪失自我的負面效應。

人的世界是由外部環境和內心情感構成的，相對來說，內心的情感世界，更能對我們的生活造成影響，社會本身也是透過這樣的互動交流協調轉動。如果一個人，總是將自己封閉在一個狹窄的圈子內，對自己、對社會都沒有益處。

改變「宅一族」的心理狀態，以下兩種方法會有很大的幫助：

1.建立自我認同感。「宅一族」之所以會出現主動自閉，關鍵在於沒有確立自己的社會認同感。他們更需要家人、朋友的理解和支持，得到更多關注和肯定。心理學家指出，對於「宅一族」，更要多鼓勵他們與好朋友交流、溝通，慢慢接觸新環境，在與他人的交往中獲得愉悅。

2.不盲目跟進。「宅一族」多爲八〇後、九〇後的年輕人，他們大都是獨生子女，他們自信、有個性、崇尚新事物，模仿欲望也很強，他們把窩在家裡的「宅」生活解讀爲時尚，跟進效仿。要想改變「宅一族」的觀念，首先要認清網路本質，劃清現實與虛擬的界限，持之有度。同時試著降低對自己的要求，學會容忍自己與別人的不完美，多參加戶外運動和活動，多培養興趣愛好，增加自己在現實世界中與人交流的機會。

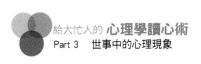

為什麼人會被催眠

在一個寧靜的空間裡，醫生正在對病人進行催眠，只見他輕輕地撫摸幾下病人的肩膀，拍拍病人的後背，不停地說著：「你現在正暢遊在寧靜的大海上」、「你心情平靜，內心放鬆」，「你做得很好，你告訴自己，你要睡一會」這樣的話，沒多久，這個病人真的睡著了。隨後，病人按照醫生原先所希望的那樣，毫無隱瞞地道出了自己內心的眞實感受。

也許你會發出這樣的疑問：催眠眞的這麼神嗎?不妨回想一下生活中的一些事情。

比如你生病去醫院，醫生爲你開了藥後對你說：「沒什麼大問題，吃兩天藥就好了!」那麼你原先緊張惶恐的心，就會立刻輕鬆起來，相信身體很快就會恢復健康；但如果醫生皺著眉頭遞給你領藥單，什麼話也沒對你說，那麼你的心情可能會很沉重，即便得的只是小病，你也會悲觀地認爲自己「時日無多」。

這就是暗示的心理作用，催眠其實也是運用同樣的心理原理。暗示是解釋催眠實質最重要的概念。暗示要達到預期效果，取決於被催眠者的個人特質，一般說來，缺乏自信、容易憂慮、性格膽怯、猶豫自卑、敏感和缺乏邏輯分析能力的人，最容易接受暗示的方式被催眠。

催眠時的暗示方式，運用最多的是語言暗示。暗示不僅對人們的心理或行爲發生影響，還會引起人們的生理變化。心理學家做過一項實驗，他們反覆給被試者喝大量的糖水，可以發現其血糖升高，出現糖尿，並且尿量增多等生理變化。後來，不給糖水，實驗者施加語言暗示，同樣會發生上述生理變化。

這項實驗表明，語言暗示可以代替實物，給人的大腦以強烈而持久的刺激。比如醫生對病人說的那幾句話，就是典型的語言暗示。隨著語言暗示的持續深入，被催眠者所能感知的意識範圍，變得越來越狹窄，感覺、知覺逐漸發生歪曲，直至喪失，對事物的判斷力也在這一過程中慢慢消失，除了催眠者講話的聲音外，聽不見其他任何聲音。

一個人受到暗示，不管這種暗示是主動的，還是被動的，都是人的心理特徵的基本表現。它是人類在漫長的進化過程中形成的、潛意識的自我保護能力，從這一意義上來說，它是人的一種本能反應。此類本能反應，在生活中隨處可見，有些是你不曾注意到的，比如當你面臨困難的時候，收到朋友安慰：「沒事的，很快就會過去的」，此時，你也會對自己說：「是的，快過去了，快過去了」。這就是一種暗示行爲，它包含外部暗示和自我暗示，減輕困難帶給你的痛苦，使得你對克服困難有更大的信心。

當然，如果你主觀上不想被催眠，也可以運用心理暗示來提高自己對外界的抗拒能力。當有人試圖對你催眠時，你可以進行自我暗示，對自己說：「那都是假的，那不是眞的，克制克制，睜大眼睛，睜大眼睛。」不斷地提醒自己，不斷地提高自己的警惕性。

是什麼左右了我們的擇偶心理

每個人都希望找到自己理想的伴侶，每個人的擇偶心理各不相同，並且往往是多種心理的交織，只是以某種心理傾向爲主罷了。現代人複雜的擇偶心理，取決於社會時代背景、個人人生觀、戀愛觀、價值觀等多種因素，不同的人有不同的戀愛觀和擇偶心理。現實生活中，常見的、典型的擇偶心理有以下幾種類型：

1.外表第一擇偶心理

你也是「外貌協會」的成員嗎？年輕人較容易有這種心態。希望自己的戀人漂亮點、英俊些是人之常情，但也必須提醒：僅靠漂亮的外表維繫的愛情，往往是短暫和膚淺的。當歲月使容顏衰老時，愛情靠什麼來維繫呢？相對於漂亮的外表，一個人的品行、才能和經濟基礎，更顯得務實、有料，就像歌德所說的：「外貌美麗只能取悅一時，內心美方能經久不衰。」

有些人在擇偶時，過分注重對方的外在條件，從長相、身材到舉止風度，均有明星級的要求。究其原因，除了求美心理外，主要是虛榮心在作怪。因此，一味追求外在美，並以此作爲擇偶首要條件，是有待商榷的心態。

2.追求完美的擇偶心理

擇偶時要求對方完美無缺，既要外表體面，又要術德兼修；既要人中之龍，又要家世顯赫。這種盡善盡美的擇偶標準，理論上成立，但現實生活中，很難找到如此完美的對象，容易產生動機挫折，造成婚戀困難。因一味追求理想模式而錯過好姻緣的不在少數。

有這種擇偶心理的，也是以年輕人居多。年輕人選擇對象時，往往開出一系列條件，凡不符合其中一二點的，哪怕其他方面都中意，都不在考慮範圍。比如常聽一些女性這樣說：「我的白馬王子，長得要帥、心地要善良、要關心我、家庭背景要好、要聰明，更要有錢……缺了一條，一概不考慮！」具有這種擇偶心理的人，常常較晚才找到愛情，但對象往往也不是最初的完美設定。這是因爲處處完美的人幾乎沒有，即使有幾個，也熱門搶手，成功的機率又何其渺小；即使終於抓到一個完美的情人，交往中不可避免顯露出的瑕疵或不同調，也會使追求完美的人無法忍受。

3. 物質至上的擇偶心理

有些人擇偶時，對物質的要求較高，注重對方的經濟狀況、住房條件和對方父母的地位、權勢、財產等，他（她）們不是把婚姻建立在愛情的基礎上，而是把婚姻當做一種交易，把自己的幸福和命運，寄託在對方的金錢和地位上。在某些經濟落後地區，買賣婚姻、開價索聘金禮金的現象可謂典型。產生這種心理的原因，除了追求物質享受、滿足虛榮心外，還與依賴心理、從眾心理有關（特別是女性）。

在現代社會，拜金主義流行，這種擇偶心理自然比較普遍。有很大一部分人，把經濟狀況作爲擇偶的首要考慮因素。但是也必須提醒：建立在物質、金錢基礎上的愛情與婚姻，若沒有感情和信任做後盾，當金錢失去的時候，這種關係將難以維繫。

4. 追求精神滿足的擇偶心理

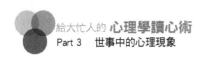

隨著社會經濟、文化的進步和個人素質的提高，追求精神滿足戀情的人越來越多。這類人在擇偶時，不拘泥於某種外在的東西，而追求心靈上的相互溝通和共鳴，注重對方的道德品質、思想感情、性格愛好等情況。

有人擇偶時，對對方的內在要求較高，注重對方的事業心、思想品德、學識才幹、氣質性格等。較多年輕人，特別是文化素質較高、知識修養較好的青年男女，擇偶心理屬此型。他們重才不重財，重德不重貌，追求彼此心靈上的契合。如此獲得的愛情才是靠得住的，因爲高尚的人品、良好的性格，是維繫持久而眞摯的愛情與婚姻極爲重要基礎。

但是，一味追求精神滿足而忽視物質基礎，將會使戀人的愛情之路較坎坷。

5.遊戲擇偶心理

有一部分年輕人，視愛情爲遊戲，態度過於輕浮、沒有定性。這種人的人生觀、戀愛觀是不道德的，傷害別人的同時，也浪費了自己的青春。

男女的擇偶心理多種多樣，以上所述不過是幾種基本類型。現實生活中，典型單一的擇偶心理畢竟是很少的，大多呈複合可變型，表現爲多種心理狀態交織，但以某種心理傾向爲主。無論抱持什麼樣的擇偶心理，都要謹記：以利交者，利盡則散；以色交者，色衰則疏；以心交者，方能永恆。

新婚心理調適全攻略

當戀人們帶著美好而美麗的想望，步入婚姻的殿堂，發現在夢幻般的婚禮之後，不再有羅曼蒂克的情調，要面對的是平凡、單調的「鍋碗瓢盆交響曲」。由天馬行空到腳踏實地，理想與現實的極大落差，讓新婚男女陷入迷茫和困惑之中，出現適應不良的情況。因此，新婚夫妻需要正視心理變化與衝突，及時調適。

1. 心理失落感調適

戀愛與婚姻大不同，從無憂無慮的浪漫情境，踏入瑣碎、操勞的現實生活，許多新婚夫妻，尤其是妻子，產生頗大的失落感。許多新手人妻抱怨：戀愛時，男人黏緊緊，約會接送、天天電話熱線；生日和情人節，奉上精心挑選的紅玫瑰，爲自己唱歌跳舞，大獻殷勤；吵架的時候，不管誰對誰錯，總是小心翼翼地賠不是……可結婚後，死傢伙像變了個人似的，彷彿娶到手了，就完成任務了，戲也演完了。其實，他不是在演戲或騙妳，只不過認爲，成了家就該立業，要讓太太無後顧之憂，於是將更多的精力投入工作與事業，自然不像以往那麼殷勤了。另外，戀愛時，雙方只管給彼此看到最好的一面，致力取悅彼此。婚後，隨著相處的深入和時間的推移，雙方各自的缺點逐漸浮現，容易出現感情的摩擦和期待落差感。要解決這個問題，有賴雙方要互相理解和體貼，不要強迫另一方按照自己的意願行事；要瞭解並接納戀愛和婚姻的差別，努力達成愛情與瑣碎生活的平衡。

2.性格與生活習慣的磨合

新婚之後的一段時間，是兩個人的「磨合期」。性格需要磨合，生活習慣也需要磨合。生活是由許許多多具體而瑣碎的事情組成的。兩個人的家庭出身、教育背景、性格特徵、興趣愛好都不盡相同，生活在一起難免有衝突。比如，一方井然有序，而另一方覺得「東西找得到就好」；一方不修邊幅，而另一方有潔癖；一方節儉成性，而另一方卻「賺多少就花多少」等等。所以，許多新婚夫婦經常爲雞毛蒜皮的事爭吵，長期下來會影響感情，破壞家庭和諧，甚至走上離婚一途。婚後磨合期，一般至少要半年至一年。這段時間內，夫妻雙方要平常心看待磨合期內矛盾的必然性，儘量站在對方的角度去看問題，欣賞對方優點的同時，也要接納對方的缺點。不要太固執，要學會容忍、變通，就像富蘭克林說的：「婚前，睜大你的雙眼；婚後，閉上你的一隻眼睛。」意謂婚後要學習包容對方。

3.化解自由與責任的衝突

選擇婚姻，必須負起應有的責任和義務。戀愛時，雖然也有要擔負的責任，但畢竟仍是比較自由。比如，你把女朋友送回家後，還可以和三五好友一起去酒吧喝酒，去KTV唱歌。結婚以後，就要多考慮了，如果還經常和朋友一起喝酒、打牌，妻子當然會抱怨「你把家和我有放在眼裡嗎？」結婚前，女孩除了享受男朋友的殷勤，回到家還受到爸爸媽媽的照顧。結婚以後，妻子通常在下班後，可能還要張羅家務，如果回到家就只顧著自己吃零食、看電視，沒有考慮到另一半可能要加班、可能會饑腸轆轆，發生衝突就難免了。婚前，許多事自己作主便成，婚後，兩個人的事就要一併考慮彼此，一起商量解決。爭執是在所難免的，關鍵是雙方要相互體諒，化解責任與自由的衝突。總之，結婚以後，雙方都不能太隨心所欲，要增強責任心，做一個像樣的妻子或丈夫，婚姻才能持久。

4. 調解性生活中的矛盾

性生活是婚姻生活的重要組成部分。新婚夫妻沒有太多的經驗，難免會配合得不和諧。女性容易對疼痛感到緊張、懼怕，男性容易對自身的能力、對方的滿意度，感到緊張、有壓力等，這都會影響性生活的歡愉。新婚性生活的美滿與否，會對以後夫妻性生活的心理和品質，產生很大的影響。因此，要努力化解性生活中的問題。

男子性欲較強，在婚前就有強烈的、在肉體上與自己心上人結合的趨力。新婚之夜，便容易表現得迫不及待，甚至做出粗魯無禮的舉動。在第一次性接觸中，男子幾乎毫不例外地處於主動地位。女子不同，相當長的時間內，僅僅是陶醉在感情交流和心靈融合上，而對於性，心理上有緊張感和羞澀感，有礙於性生活的美滿，雙方應一起協調。

（1）克服緊張感

新婚夫婦初次性交，因缺乏性知識和性體驗，在心理上很容易產生緊張感。性交不順利，或因處女膜的破裂而產生出血和疼痛，會進一步加強這種緊張感，雙方要學會自我放鬆；丈夫動作要溫柔體貼，不要粗魯，這對緩解新婚妻子的緊張情緒很重要。

（2）排除羞澀感

由於受傳統觀念等因素的影響，即使是長期交往的情侶，初次性交也都難免有羞澀感，這種羞澀感，女性重於男性。丈夫應該主動以動情的話語和愛撫，打破這種羞澀的氣氛，排除性交前的心理障礙。

新婚夫婦如果初次性交順利、和諧、歡愉，就會品味到新婚的幸福和甜蜜，甚爲滿足。如果不順利或沒有快感，就可能產生失望感。反覆多次之後，就會影響美滿婚姻的情感基礎。新婚性生活不順利，是很正常的，新婚夫婦一般要經過三~四周之後，才能有滿意的性體驗。一時不順利，不能抱怨妻子不行或丈夫無能，更不能因此灰心失望。雙方應降低初夜期望值，總結經驗、改進方法、密切配合，一定會漸入佳境。

婚姻不是愛情的墳墓，也不是浪漫的童話，它是實實在在的生活。生活中不能沒有鍋碗瓢盆、油鹽醬醋，婚姻中的不和諧、矛盾，要由夫妻雙方共同化解。幸福美滿的婚姻，需要夫妻共同創造。

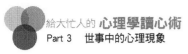

心理小遊戲

從雙腳擺放姿勢看一個人

當你坐在一個人的對面，注意觀察對方的雙腳擺放姿勢，就能探知一二。

A.雙腳併攏，腳由左向右斜
B.腳尖叉開，腳跟貼近
C.只有腳掌交叉，鞋子仍靠在一起
D.雙腳十字交叉
E.雙腳整齊地併攏

測試結果：

選A：跟這種人談話，話題千萬不可過於俗氣，因爲他們喜歡把自己當成貴婦或紳士。大多數明星或模特兒都是這種坐姿，他們很注重禮節，舉止溫文秀氣，自尊心很強。如果想取得這種人的好感，就要和他們談論一些關於流行時尚，或專業性很強的話題，才能引起他們的興趣。

選B：這種人屬於好惡分明、疾惡如仇的俠客型人物，這類人身材多高壯、結實，做起事來也相當帶勁。因此，是否能給他留下好的第一印象，是決定日後是否有交往可能的關鍵處。他們很容易受外界因素的影響而改變自己的想法，而且這種改變是非常急劇的。

選C：標準的少女型動作，即便不是少女，也是個性內向、害羞、警戒心特強的人。所以，對待他們必須十分小心、溫柔，無論你想要達到什麼目的，千萬不可貿然行事，否則只會事倍功半。

選D：和這種人交往非常輕鬆，他們沒有太深的城府，喜怒形於色，一般都擁有開朗的性格，對周圍事物向來不甚在意，合則來，不合則去，是他們一貫的交友態度。他們的優點就是眞誠。

選E：他們的警戒心通常很強。雙腳緊緊靠近，是因爲想壓抑內心的情緒。你必須儘量將氣氛緩和下來，談些輕鬆的家常話題，讓對方的警戒心漸漸鬆弛，這樣才能切入明確的話題。

Part 4

影響心理健康的**多重癥結**

當今社會，人心浮躁，很多人感到疲了、累了，不是因為身體出現了什麼問題，而是「心累」。為什麼會「心累」？下面所述的，或許正是令你長期感到頭疼的現象，看完之後，也許便能為自己開一份完美的心理處方。

女人為什麼喜歡嘮叨

美國史坦福大學一項調查顯示，在男人討厭女人做的事情當中，排名第一的就是「囉唆嘮叨」，遠高於排名第二的「不愛打扮」。另一項與之有關的研究發現，女人一天說的話，可以是男人的兩倍。

一個中年女子找到心理醫生，訴說自己因嘮叨而給家庭帶來的種種問題。她說她喜歡用教訓人的口氣說話，而且沒完沒了。有次看到丈夫在沙發上摳腳，就沒完沒了地責罵他。這已是陳年往事，但是前幾天，這個中年女子又翻出這件事，讓丈夫很難受，晚上沒和她睡在一起，而是睡在沙發上。

昨天，在全家人吃飯的時候，她又提起了前幾年丈夫外遇的事情，在飯桌上，越說越傷心，最後痛哭流涕。她的女兒聽媽媽又在翻舊帳，忍不住道：「媽，你煩不煩啊？成天囉裡囉唆的，累不累啊！」說完，飯也不吃，起身出了家門。

她很困惑，問心理醫生：自己是不是心理出了問題？

很多女性朋友都有類似的困擾。或許她們也很討厭自己的嘮叨，但是管不住自己，有時興致一來，芝麻綠豆的事都能拿出來翻炒一番，甚至重新命題、重新審判。對丈夫，對子女，女人更加喜歡嘮叨。這當然跟心理因素有關，不過並不是什麼可怕的心理疾病，在心理學家看來，這是一種具有功能性的情感宣洩方式，有益女性的身心健康。

一項針對五千七百名二十四歲以上女性的調查發現，半數以上的年輕婦女，經常在她們的丈夫和好友面前嘮叨，以此來傾訴內心的痛苦和煩惱，可是這些女性的身體都比較健康。與此相反，約有三分之一的女性採用了別的方式，如酗酒、吸菸及用安眠藥來宣洩不良情緒，結果她們都患有輕重程度不一的神經衰弱、月經失調、高血壓等疾病。可見嘮叨是女人主動宣洩的一種健康方式。

人們普遍認為，愛嘮叨的女性脾氣一定很暴躁，但是研究發現，愛嘮叨的女性血液中血清素、乙醯膽鹼的含量，遠遠高於不愛嘮叨的女性，她們性格溫柔、待人和氣，也較少發生身心疾病。因為透過嘮叨，緊張，不滿的情緒會降低40％，有效降低某些對人體有害的、生物活性成分的釋放。

面對女人的嘮叨，男人唯一能做的就是傾聽，有時候還能從她的嘮叨中，知道她最近心情不好的原因，知道她最近想做什麼，或者期待你為她做什麼。如果你不願意聽，可以採取其他策略，比如提出陪她散步、下棋，幫她做飯、買菜。

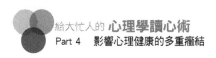

男人有淚不輕彈容易造成心理疾病

「我最近很煩，工作壓力大，家庭一團糟，很多事情憋在心裡，怎麼也掏不出去。說實在的，真想痛哭一場。」一個而立之年的男子，對他的朋友這樣說道。

「那就哭吧！我陪你一起哭。」朋友笑著說。

「其實，最近我心裡也不好受，今天和你喝酒，也是想傾訴一下。你知道嗎？我離婚了。還有，幾天前，我的寶貝女兒證實罹患癌症。」

男子一愣，急忙問道：「怎麼會？你看來沒事一樣！雖然臉色不太好，可你說話的時候還面帶微笑。你在我這個老朋友面前還這麼能裝啊？」

「不是裝。」朋友搖搖頭，「是男人的本分，男人應該頂天立地、無所畏懼，就算遇到再大的劫難，也要咬著牙挺過去，怎麼能動不動就流眼淚，說自己脆弱呢？要知道我們的家、我們的親人，可都依靠著我們強壯的臂膀啊！」

「那你剛才還說陪我一起哭？」

朋友苦苦一笑，說：「那也是安慰你的話，要是遇上什麼事就掉眼淚，還像個男子漢嗎？來來，喝酒、喝酒，酒消萬古愁，這才是男人該做的。」

劉德華的《男人哭吧不是罪》曾經紅遍大江南北，唱出許多男子的共同心聲，他們藉這首歌，宣洩內心的苦悶與無助。但是，真正能放開自己、大哭一場的男人，依舊少之又少。原因正前文中的朋友所說：要是遇上什麼事就掉眼淚，還像個男子漢嗎？照傳統觀念來看，男人是陽剛、堅強、堅忍不拔的，是頂天立地、威武不屈的，即便受到巨大的打擊，也只能咬牙吞，在角落默默舔傷口，而不是痛哭流淚到天明。

如果你在乎自己的生命，希望更長久地陪伴在親人身邊，那麼「有淚盡情流」，是你最為暢快的選擇之一，因為哭泣對健康有益。人在悲傷時，內分泌系統會分泌一些對人體有害的毒性物質，而這些物質可以藉由淚液排出體外。這時如果你強壓悲痛，忍著不哭，那麼毒性物質就會滯留體內，對健康產生影響。心理學家也持相同的觀點，他們認為哭泣能使人恢復平衡，使神經系統的緊張得以消除，從而達到心理平衡。

不過凡事都要有個度，哭泣也不例外，哭泣時間在十五分鐘之內最為恰當，否則容易造成適得其反的效果。因為人的胃腸機能對情緒反應極為敏感，憂愁悲傷或哭泣時間過長，胃的運動會減慢，胃液分泌減少、酸度下降，會影響食欲，甚至引起各種胃部疾病。

通常來說，女性一般都比男性長壽，這跟女性不刻意壓抑哭泣有關。奉勸男性，為了自己的身心健康，該哭的時候，就盡情地哭吧！

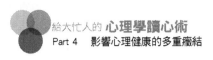

青少年為何沉迷網路

廣州的雷先生，最近爲一件事傷透腦筋，只要接到兒子學校打來的電話，他臉上的笑意立刻消失，瞬時鐵青。電話裡的訊息無非是——兒子又蹺課了。兩個禮拜前，兒子迷戀上網路後，三不五時就接獲校方通知。他曾採取過極端措施：賣掉家中的電腦，不給兒子零用錢，但沒幾天就故態復萌。兒子的口頭禪是「我快崩潰了！」雷先生覺得再這麼下去，他自己會先崩潰。

據調查顯示，在廣州的中小學生當中，約有10％每天上網超過三小時，33％的人因沉迷網路而導致成績明顯下降。而在北京的一項調查發現，約34.8％的青少年過分依賴網路。爲什麼有那麼多青少年沉迷於網路呢？

其實，這與青少年在成長過程中，缺少「自我認同」有關。青少年接觸並進入網路世界，在自我探索、嘗試不同行爲的同時，積極尋求他人對自己觀點、態度的認同。在二〇〇七年，針對學生上網原因所做的一項調查中，「尋找自我，滿足成就感」是普遍的回答。

如果你是孩子的父母，你是不是經常用命令的語氣對孩子說話，不去瞭解孩子的眞實想法，或一味貶斥其幼稚？你滿足孩子需求的方式，是不是以物質爲主，而沒有精神方面的獎勵？在中國式的家庭和教育中，這些都是普遍存在的現象，孩子得不到充分的肯定，很難發展出獨立處世的能力。正因爲這樣，更加劇了青少年在網路上尋求「自我認同」的趨勢，他們希望在網路世界裡得到理解和支持。

雖然網路不見得完全有害無益，但是身為家長，依然還是為自己的孩子擔心：會不會影響學習成績、影響視力、影響全面發展，最後考不上好的大學，進而找不到好的工作？這樣的擔心不無道理，從以下三點入手，也許能為解決之道，提供一些建議：

1. 經常與孩子交流互動。多一些鼓勵，少一些批評，保護他們的自尊。
2. 學校應讓學生多元化發展，不僅以成績作為評價學生的單一標準。
3. 鼓勵孩子發展現實的同伴關係，多培養孩子的興趣愛好、鼓勵其參加課外社會適應活動等，讓他們進行健康的自我探索和嘗試，順利地完成青少年階段的「自我認同」發展任務。

反覆洗手背後的心理障礙

請在看過題目一秒鐘後，回答以下問題：

關門離家走一段路後，是否還會回去確認一下門鎖了沒有？即便心中清楚門一定是上鎖了。

當與人發生爭執、衝突時，是否會砸東西？明明知道這樣做不對，卻控制不了自己。

每次洗手，至少反覆三遍以上，而且只要有空，還會再去洗手，雖然你知道手並沒有弄髒，已經很乾淨了。

不管全回答是，還是只對其中一題回答是，都反映出一種心理疾病，就是「強迫症」。看到這裡，是不是感到很驚訝：這些都是我們在生活中常見的現象啊！是的，強迫症是現實生活中最為常見的心理障礙之一。

強迫症，是以強迫觀念和強迫動作為主要表現的一種神經症，以有意識的自我強迫，與有意識的自我反強迫同時存在為特徵，也就是說，你明明想控制這類行為，卻還是無法抵制行為的發生。

除了前面提到的那些強迫症的表現形式外，這一心理障礙還有如下症狀：

1. 強迫聯想：反覆回憶一系列不幸事件會發生，明知不可能，卻無法克制。

2. 強迫回憶：反覆回憶曾經做過的、無關緊要的事，明知沒有任何意義，卻不能克制。

3. 強迫性窮思竭慮：對自然現象或日常生活中的事件反覆思考，明知毫無意義，卻不能克制，如反覆思考：「房子為什麼朝南而不朝北？」

4.強迫計數：不可控制地數臺階、電線桿，做一定次數的某個動作，否則感到不安，若漏掉了，要重新數起。

5.強迫意向：在某種場合下，患者出現明知與當時情況相違背的念頭，卻不能控制這種意向的出現而十分苦惱。如拿著貴重的東西，突然產生將這貴重東西扔掉的想法，雖然最終沒有付諸行動，內心卻十分緊張、恐懼。

心理學家指出，青少年和白領階層，最容易得強迫症，因為承受的壓力很大所致。兒童二歲至八歲，是人格形成的關鍵時期，而從青春期開始至結束，則是人格重塑的重要整合時期，如果重塑「失敗」，很可能引發精神障礙。隨著社會競爭的日趨激烈，年輕的白領由於繁忙的工作、不協調的生活等，所受到的壓力不斷增多，也不斷加入強迫症的行列之中。

強迫症的程度有輕有重，重度強迫症需要依靠藥物和心理治療相結合的方法，來進行治療，而輕度強迫症主要還是在於自我心理的調整。

心理調整可從三方面著手：首先要少想多做，積極行動。有擔憂的工夫，不如積極行動；胡思亂想、自我消耗，不如做自己特別想做的事情，轉移注意力，從中開發潛能，掌握自己的命運，實現理想。

其次，不要追求十全十美。追求完美，似乎是崇高的理想和美好的生活目標，但認眞思考便知：世界上的事情都在發展和變化，不管我們多麼努力，很難做到十全十美。因此，不苛求完美，多一點彈性和寬容，知足常樂。

最後，不要苛求自己。人非萬能，讓別人幫一點忙不爲過，當自己無法找到解決困境的方法和途徑時，向他人求助也是不錯的選擇，聽聽他人的意見，思維也會更活躍。

樂極生悲是什麼心理原因

樂極生悲的現象在我們身邊並不少見，不光是在現代社會，在古代早有明鑑，《儒林外傳》裡的范進就是一個典型代表。

鄉試出榜那天，家裡斷炊，范進抱著一隻母雞到市集兜售。報喜人來了，鄰居在市集上找到范進，說他中了舉人。范進不信，以爲鄰居在戲弄自己。鄰居一氣之下，將他拖了回來。回到家中，范進見報帖升掛起來，上寫道：「捷報貴府老爺范諱進高中廣東鄉試第七名亞元。京報連登黃甲。」不敢相信自己的眼睛，又仔細看了一遍，又念了一遍，自己果然是高中了。

范進兩手一拍，笑了一聲說道：「噫！好了！我中了！」說完往後一跤跌倒，牙關緊咬，不省人事。范進被人喚醒後，哭笑無常，滿街瘋癲。後來，他的岳父胡屠戶的一記耳光，才使他回神過來。

像范進這樣情緒搖擺不定，一會哭，一會笑，昏厥後又醒來，醒來後又昏厥的無常情緒，人們一般稱作「樂極生悲」。在心理學上，這種現象有一專有名詞，叫「心理鐘擺效應」。它是一種人們特定背景的心理活動而引發的，心理像鐘擺那樣，向兩極擺動的現象。

人們常說有愛就有恨，其實在心理情緒上也是如此，而且表現得尤爲明顯。比如有消極就有積極，有快樂就有悲傷，有幸福就有痛苦。在心理學上，這被稱爲情緒的兩極。情緒的兩極每時每刻都在互相發生作用，影響著我們的情緒。平常我們有健康平穩的心態，乃因爲情緒的兩極在相互作用下，保持著相對平衡，當這種平衡無法維持的時候，就會發生像范進中舉後那樣情緒反覆的狀況。

這種心理現象的發生，主要來自兩個原因：首先，心理擺效應與個人的人格有關。有些人的人格特徵表現爲對自我行爲難以控制，容易產生焦躁心理，而且易怒，內心也比較敏感。這類人較爲情緒化，容易產生心理鐘擺效應。其次，心理鐘擺效應與多重情感有關。心理學家認爲，人的情感多重性表現爲不同等級。不同等級有不同的情感狀態與需求，在特定背景的心理活動過程中，情感等級越高，在這種情形下出現的「心理斜坡」就越大，也就很容易向相反的情緒狀態趨近。

爲了能對心理鐘擺效應採取有效的抑制作用，下面是幾種建議應對的方法。

1.消除偏差，面對生活

人有悲歡離合，月有陰晴圓缺。人生無法總處於高潮，生活也不可能永遠是詩。有些人期待生活在激情、浪漫、刺激等理想的境界中，因而對平凡狀態心存排斥或難以調適，他們的心境也就會隨之而大起大落。

2.體驗生活樂趣

生活有千滋百味，激昂時，感受其熱烈奔放；平淡如水時，享受其悠然韻致。順應環境，轉換心境，避免心理上產生巨大的失落感和消極的情緒。

3.加強理智，調控情緒

在快樂興奮的生活中，我們應該保持適度的冷靜和清醒。當掉入情緒的低谷時，要儘量避免不停地對比和回顧情緒高潮時的場景，把注意力轉入一些能平和心境或振奮精神的事情和活動中。

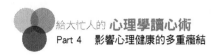

失戀後如何撫慰受傷的心靈

失戀表示戀愛關係中止，指的是因失去愛情而受到痛苦的心理挫折。這通常發生在那些曾經獲得過某種程度、某種性質的「愛」，為此做出過真心承諾，或有較大的物質和精神投入的男女。他們在意想不到的情況下，突然或不情願地與戀人分手，從而感到內心的失落、傷心，甚至痛不欲生。

失戀的人常有以下心態：其一，羞愧難當，陷入自卑與迷惘，「從此無心受良宵，任他明月下西樓」，心灰意冷，走向怯懦封閉，甚至絕望、輕生，成為愛情殉葬品。其二，對拋棄自己的人仍一往情深，對逝去的愛情充滿美好的回憶與幻想，自欺欺人，無法面對失戀，陷入單相思的泥淖，也有人會出現既愛又恨的矛盾情感。其三，因失戀而絕望暴怒、失去理智，產生報復心理，或攻擊對方；或自殘；或從此嫉俗厭世，否定異性，看什麼都不順眼；或從此玩世不恭，得過且過，尋求刺激，發洩心中不滿。

既然失戀已經發生，自暴自棄依舊於事無補，不如調整好心態，正視失戀，走出陰影，迎向陽光。

1.正視現實，不要糾纏與責難

如果他或她已經不愛你了，到了必須分手的時候，不要糾纏著不放。糾纏也許會令對方一時難以逃脫，卻更堅定其離開的信念；不要一味地責難，責難也許會讓你感覺一時痛快，卻粉碎了曾經的美好回憶；更不要怪罪自己天生缺乏魅力，活在怨恨裡只會令你更沉重。既然你已得不到所希望的那份眞情，又何必再爲對方傷心勞神、浪費感情與青春呢？放棄一段已經死亡的情感，你也許會痛苦，卻有了新的愛情空間，有了重新選擇的機會。

2.學會宣洩

失戀後，心中的空虛、寂寞油然而生，此時最好的辦法，是找你要好的朋友或師長，向他們訴說你的悲傷和煩惱，他們會安慰你，陪伴你走出來。如果你不善言談，那麼可以振筆疾書，讓情感在筆端發洩，釋放自己的心理負荷，求得心理解脫。你也可以關門大哭一場，因爲痛哭是宣洩情緒的健康管道，是一種自我保護性反應。另外，打球、參加團體活動，都能消除心中的鬱結，排解失戀帶來的心理壓力。

3.做出不在乎的樣子

失戀了，一點感覺也沒有是不可能的，表面上裝作不在乎，有利於控制自己的情緒。積極的自我暗示，在這時候是非常重要的，你可以這樣暗示自己：「對付負心人最好的辦法，就是讓自己好好地活下去！」「是不是等著看我難過痛苦？休想！」「他（她）都不在乎了，我爲什麼要在乎？一定要鎮靜，什麼也沒有發生過，只是夢醒了而已。」

4.自我安慰

有時，也可以適當運用「挫折合理化心理」做感情轉移。一種是酸葡萄心理，縮小或否定個人求而不達的目標或好處，強調其各種缺點。比如失戀了，就說對方不好，就好像狐狸吃不到葡萄而說葡萄是酸的一樣。另一種是甜檸檬心理，不是把目標好處縮小，而是把目前的境況擴大。比如失戀了，可以說，這更有利於專注學習或投入工作。這兩種方法，可以暫時舒緩眞相帶來的不愉快，直至心理準備完畢，能夠正視現實爲止。當然，自我安慰只是一種消極方法，如果失戀後聽任這兩種心理支配，不能接受現實，就沒有從根本上解決問題。

5.移情

適當地把情感轉移到其他人事物上。可以把注意力分散到自己感興趣的活動中，透過活動沖淡心中的鬱悶。如失戀後，可與朋友發展更爲密切的關係，可積極參加各種娛樂活動，釋放苦悶，陶冶性情；可投身大自然，讓美景美物治療心靈傷口。

6.要懂得愛惜自己

要忘掉一段曾經眞心付出的感情，絕非一蹴可幾的事情，不要苛求自己，要給自己空間與時間。要知道，你的生命不僅屬於你一個人，還有親人、朋友和工作，等著你好好經營。你必須珍惜自己，你沒有權利自暴自棄。失戀了，不必再掛念那個人了，正好可以多疼惜一下自己。

心理小遊戲

你有完美主義心理傾向嗎？

根據你的實際情況，回答下列問題：

1. 你是否認爲，成功或完美的人，才是有價值的人？
2. 在與他人交往時，你是否總擔心自己的言行舉止不得體？
3. 完成某項工作後，你是否總害怕出現紕漏？
4. 你是否經常覺得，自己這也不行，那也不行？
5. 當你沒有達到某個目標或個人標準時，你是否無法原諒自己？
6. 你是否總有一種不完善感？
7. 當你遇到挫折和失敗時，你是否總是責難自己或萬念俱灰？
8. 你是否總是努力去贏得人們的讚賞？

評分標準：

回答「是」計一分，「否」計零分，計算總分。

測試結果：

總分小於三分：你離完美主義還有一段距離。

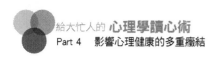

總分在三～五分之間：你有完美主義傾向。
總分大於五分：你是一個標準的完美主義者。

Part 5

職場魔法棒，點開心理暗盒

有人的地方就有江湖，職場也是一個江湖。在這個江湖中，照樣有翻江倒海，有激流暗湧；有變化多端的人心，也有難以捉摸的現象。闖蕩職場，需要對職場百態有基本的瞭解，這是成為職場高手、受人歡迎、贏得尊重、快速提升自我能力必不可少的功課。

初涉職場需儘快轉變角色

隨著社會競爭的加劇，這幾年的就業市場越來越嚴峻，那些好不容易找到一份工作的大學畢業生，在走馬上任後，並沒有一展所長的得心應手，而是被各種各樣的不適應困擾，諸如「主管不採納我的意見」，「花費心血準備的報告，竟被退件」，「我怎麼說也是大學畢業，跟那些鄉巴佬在一起，實在太屈就了」等等。除了這樣的抱怨，初入職場的大學生，對自身角色的定位也摸索未定，小陳就是典型的例子。

小陳是某名校的畢業生，剛到一家軟體公司任職，擔任銷售工作。學生時期，小陳沉默寡言、不善交際，甚少參加社會活動。上班第一天，在前往公司的公車上，他坐在靠窗的座位。那一會，上來母女兩人，母親三十歲左右，小女孩大約六歲。車上很擠，小陳禮貌地讓了座。那位母親非常感激，連忙道謝：「謝謝您！」又對小女孩說道：「快謝謝叔叔！」小女孩望著小陳說道：「謝謝叔叔！」他不由得有些尷尬：自己才剛剛畢業，年紀輕輕的，怎麼就成「叔叔」了？以前人家都叫哥哥的。

當天下班，老闆請大家吃飯。筵席上，大家都熱情地相互應酬，熱絡寒暄，小陳卻覺得渾身不自在。

像小陳這樣的情況並非個案，據有關資料顯示，有近七成的大學畢業生在初入職場時，無法快速地將自己從「學生」的角色，轉換到「職場人」的角色，無論是心態還是爲人處世，都還停留在學生時代，從而引發一系列心理問題，影響工作效率。

這種現象稱爲「角色衝突」。角色衝突是指在轉換社會地位或社會職業時，不能相應地做自我行爲模式的調整，而產生的與外界形成緊張甚至對立關係的一種現象，它是「社會角色轉換理論」的重要組成部分。

這一理論認爲，人生是一個不斷變化的過程，從奴隸到將軍，從無名之輩到有爲青年，從單身貴族到兒孫滿堂，或是由學生到老師，從學生到職員，每一階段都有不同的角色分工和社會定位。爲了在不同階段適應不同的分工和定位，就需要我們做出相應的行爲反應，也就是要扮演不同的社會角色。社會角色是個人在社會關係體系中，處於特定的社會地位、符合社會要求的一套個人行爲模式。調整好自己的社會角色，對自己人格的成熟和人生的完善，有著極爲重要的影響，對初出校園、踏入職場的新鮮人來說，更是如此。你一定不希望一天到晚被老闆責罵：「喂，年輕人，你到底想不想吃這行飯？你是怎麼做事的？這是公司，不是學校！」那麼，從以下幾點建議做起，快速完成角色轉換吧！

1.早做準備，調整心態

從心理上不斷給自己積極的暗示：自己已不再是學生，是社會人士；深入瞭解工作的內涵，組織的背景、文化，或透過其他管道，搜集關於就職方面的經驗和體會，認眞學習，自我教育，借鑒他人經驗，爲我所用，使自己穩住腳步，循序漸進。

2.尊重前輩，虛心受教

前輩不是因爲年紀大，是因爲他們資歷深，身經百戰，相對於新人來說，有著較爲豐富的職場經驗。尊重他們，接受他們的指導，能從中學習到非常寶貴的實務經驗和訣竅，這些可以讓我們在工作上少走彎路、快速成長。

3.認清自己，明確定位

校園有校園的法則，社會有社會的規律，工作和生活的目標、原則、方法都是不同的。初入職場的人，應該明白這個道理：不要用與家中長輩的相處模式，來處理與職場前輩的關係；在工作中要多給自己壓力，而不是藉口。在學校犯錯，老師會來指正規勸，在職場犯錯，可能直接收到一封辭退信。

為什麼會出現「上班恐懼症」

「唉！明天又要上班了！」

昨晚K歌到天亮、下午三點才睡醒的小文，看看床頭櫃上的日曆，猛地從床上坐起，兩眼空洞地看著對面的牆壁，隨即發出一聲哀歎——命苦啊！三天連假這麼快就過完了，明天開始又要過擠捷運、吃便當、加班的苦日子了！

星期一，太陽高照，清風拂面，但是小文沒有絲毫的喜悅情緒。由於起晚了，只得破費搭計程車，即便如此，還是遲到了。剛坐定住，還沒喘上一口氣，部門經理就拿著一疊檔案追來，說中午之前就要。語畢，看看手錶，不忘補上一句：「睡過頭了吧？可別成累犯。」她無精打采地點點頭。

一整天小文的狀態很糟糕，心不在焉，精神無法集中，老想著放假時的情景，原本的精明能幹被錯誤百出取代，讓她沮喪不已。下班後，她第一個衝出公司，拿起電話向好友傾訴：「太鬱悶了，太痛苦了，要是不上班，那該有多好啊！」

看完上例，你想到什麼？是不是如同彎彎《可不可以不要上班》的寫實版？再看看小文在首日復班的表現：遲到、倦怠、精神不濟，內心害怕上班，甚至是抗拒。如果你也有類似的情況，那麼你可能也是「上班恐懼症」一族了。

上班恐懼症，是現代都會白領最常犯的一種心理疾病，調查顯示，80%的白領患有上班恐懼症。心理學家認爲，這些白領長期處於工作量大、節奏快、要求高、競爭性強的職場環境中，身心緊繃，久而久之，容易出現彈性疲乏，進而排斥週末或休假結束後再回到工作軌道上。

這也正是人們常說的「心收不回來」的緣故。那麼如何收心、回歸工作狀態呢？先從調節生理時鐘開始。放假時無節制的娛樂，打亂原有的作息規律，因此，在假期結束前夕，就要有意識地調整生理時鐘，早睡早起，睡眠充足，使生活節奏恢復正常。不要強迫自己馬上投入較複雜的工作，可以先從簡單的、易操作的部分著手，經過一兩天的調整，即能恢復如常運作。

不過心理學家提醒，有些人需要的調整期會比較長，這屬於正常現象，如果暫時找不到工作的感覺，上班族們也不必太焦慮。還有就是提前進入角色，人的神經系統有個「始動調節」的特點，週一上班效率低，與人們一下子很難調適回快節奏的工作頻道有關。因此，在復班前一天，應有意識地做一些與工作相關的事，如看看書、思考工作的內容等，有助於儘早進入工作狀態。

你是那個讓人心底生厭的人嗎

聽到這個問題，無論你是西裝革履、頭髮梳得油亮的職場「老」男人，還是漂亮幹練的時代「新」女性，可能都會不屑地將雙手橫在胸前回應：「我可不是那種讓人討厭的人，我在公司的人緣可好了。」

雙手橫在胸前——如果你眞這樣做了的話，那麼你並不像你自己說的那樣受到大家的歡迎，公司裡的一些同事，在心底早就對你有意見。如果你常把雙手橫在胸前跟人說話，別人會認爲你是個傲慢無禮的人。

讓我們來看看，還有什麼是你沒注意到的，而這正是你讓別人心底生厭的原因。

1.當同事忙著在電腦前趕企劃案，你卻在一旁不停地說話。

2.在所有人正討論著年度重大決策時，你的手機突然響了——你從沒意識到在開會時要關掉手機。

3.你白目地在辦公室抽菸，無視禁菸令與他人的感受。

4.情緒一來，國罵飆出口，不分場合、對象。

5.公私不分，只顧自己，忽略本分和輕重緩急。例如：身爲電腦部門主管，公司伺服器出現異常時，只顧著處理自己電腦系統的問題，把急著發信的同事晾一旁。

6.毫無節制地夸夸其談，讓聽的人厭煩。他們在心裡嘀咕：有空講這個還不如正經幹活。

上述的偏執行爲，不外乎自以爲是，從不考慮別人的感受，以自我爲中心；高估自己，慣於把失敗和責任歸咎於他人，說的比唱的好聽……，這樣的人很難與同事和睦相處，只能敬而遠之。

俗話說「人無完人」，要減輕或消除偏執心理與行爲，對我們與同事和睦相處的影響，首先要找到和自己年齡、職業、背景、社經地位和興趣愛好等相近的朋友，從中學習與人相處的方法，因爲這樣的朋友，在思想和人生觀、價值觀上與你相似，有助你提高與人爲善的正向指數，這就是心理學上所說的「心理相容原則」。

其次，要懂得「尊重別人，才能得到別人尊重」的基本道理。要時懷感恩，眞誠待人，而非擺出理所當然的姿態，更不能不理不睬。

再者，要釋出善意，主動親近同事。可能開始時你很不習慣，做得不自然，但必須練習，而且努力去做好。最後，也是最重要的一點，就是要在職場中學會忍讓和有耐心。職場是個小社會，也是大江湖，置身其中，衝突、糾紛和摩擦在所難免，這時必須忍讓和克制，不應放任怒火燒得自己暈頭轉向，被情緒牽著鼻子走。

為何辦公室總有人搞小團體

在一家公司、同個部門或辦公室，有幾個交情好、談得來的朋友是好現象。中午一起用餐，下班或假日相約出來喝幾杯，聊聊工作和生活上的瑣事，既能提升工作效率，又有助於抒發負面情緒，對身心都有益。但你可能也認爲，現實生活中並非如此。辦公室裡，大家表面上稱兄道弟、客客氣氣的，其實背地暗潮洶湧搞起小團體，爲了共同的利益，對付其他同事。任職於報社的張啓，對此深有感觸。

到職將屆半年，他發現辦公室內鬥得很厲害，裡面的人按資歷和共同利益，拉起了幾個「小山頭」，各擁其主，相互競爭，甚有誣陷詆毀其他同事的行徑，有什麼好差事，總是搶著讓「自己人」來做。一些同事爲了有人照應，或者博得好人緣，也半推半就地投向這些「小山頭」。

這讓張啓很不舒服，他認爲人和人的關係，應建立在相同志趣和價值觀的基礎上，而眼前並非如此。辦公室的一些人也經常拉攏他，在他面前說那人不對、這人不好，要張啓小心爲妙。面對這種情況，他時感錯亂。張啓覺得這樣下去，自己遲早會被毀掉，不久，他辭去了這份在外人看來尚稱體面的工作。

辦公室內鬥在職場屢見不鮮，這是「利益同一性」心理的典型表現。

這種利益同一性，強調的是「非此即彼」，以向外掠奪利益、排斥異己，向內鞏固力量、維繫團結爲主要目的，是人們基於利益結盟而產生的心理現象。這種心理現象也暴露了人們追逐外部環境和內心世界雙重安定的需求，但在現實中，這種需求多以負面形式表現出來，表現在職場上，則成了一種十分陳腐的觀念。

對於現代企業來說，領導者看重的是員工創造出的實際業績，一個眞正優秀的職場人士，是不屑與這種足可扔進垃圾堆的劣行同流合汙。不管到哪裡，有眞本事才有未來，這永遠是職場生涯得以長久的不二法門。

同事之間要保持適當距離

同事關係好，本是好事。大家來自五湖四海，爲了共同的目標聚在一起，同心協力，既爲公司創造效益，也爲個人贏得未來。但若未能拿捏好分寸，則可能適得其反。我們來看看，因同事關係過於親密而容易出現的三大問題：

1.容易受傷害

同事不是朋友，交朋友看重的是志趣相投、理念契合，而同事大多數因工作而連結，你無法主動地選擇。一旦把同事當朋友，關係親密、無話不談，對對方的期望值過高，那麼很可能遭受突如其來的傷害。

2.容易惹麻煩

這在與異性同事交往中容易發生。大多數人對異性沒有排斥感，也容易產生信任，經常朝夕相處，無話不談，雖然有時你想的是「心底無私天地寬」，但難保不會日久生情。不管是否發展到這一步，密切往來也會讓人「另眼相待」，對彼此都有影響。如果日久生情成爲事實，又有另一層面的問題要面對，會對你在企業的發展直接產生影響。

3.容易被誤解

人都有求取心理，當你與同事走得太近，對方就會認爲你爲他做些什麼也是應該的。當然，你會自願爲相熟的同事做一些事情，濟危解困，但若因故幫不上忙時，對方可能就會認爲你是在耍弄他，因而對你產生誤解，甚至是怨恨，導致彼此關係僵化、破裂。

每個人的內心都有著「自我空間」，雖然人際交往是人類作爲社會性動物的本能需求，但是個體也需要自我空間，享受獨處的快樂。這種獨處，不是刻意尋求寂寞和孤獨，而是對安全感的本能反應。

過於親密會讓人透不過氣，而過分生疏則難有交流互動，因此，同事相處，最好能保持適當的距離，這樣對彼此都不會產生不必要的心理負擔。在心理學上，這被稱爲「豪豬理論」。

「豪豬理論」說的是一群豪豬，在寒冷的冬天擠在一起取暖，可是如果牠們靠得太近，就會被同伴身上的刺扎傷；離得太遠，又無法分享體溫。經過幾次痛苦的磨合，終於找到最合適的距離。引申到我們在職場中與同事相處，「豪豬理論」所揭示的距離，就是同事之間最好的距離。那麼，與同事如何往來才算是合適的距離呢？有沒有可遵循的基本原則？大家可以看看以下幾點建議：

（1）做個可交之人

所謂可交之人，就是要成爲一個有價值的人。人們往來，總是期望能有所互惠，精神、物質或是財富，都可說是交流的項目。只要能在這三方面上具備任一優勢，對方就會覺得有價值。在交往的過程中要注意三點：不怕吃虧、不急於回報、不計較付出。

（2）維護對方自尊心

中國人愛面子，職場中人也不能免俗。維護對方的自尊心，不是討好逢迎，喪失自己的原則和立場，而是照顧對方的心情和顏面，這也是與同事保持適當距離的要點。

（3）閒聊有度

聊天閒談很正常，但是毫無節制、夸夸其談的閒聊，會引來別人的不滿，讓同事遠離你，也很難建立合諧關係。當你發現自己有「無邊無際」閒聊的「雅好」後，應該特別注意這點。閒聊適可而止，你和同事的關係才能保持友好，又不相互打擾。

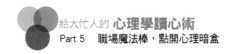

心理小遊戲

你是哪種職場性格

都說性格決定一切，雖有些誇大，但在當今職場中，個人的「職場性格」的確非常重要。你的職場表現，上司對你的看法，都受到它的影響。因此，瞭解自己的「職場性格」，並據此適當調整，將有助於你馳騁職場。

1.聽說難得一見的流星雨要來了，你的反應是：

A.沒有興趣，連相關新聞都懶得看

B.有點好奇，但看看新聞轉播就滿足了

C.身爲追星一族，當然要親眼見證，留下珍貴的回憶

2.你多久逛一次百貨公司？

A.好像有好幾年沒去了

B.不會主動去，路上經過時會進去看看

C.閒著沒事就可能會去逛逛

3.對常用的交通工具有上鎖的習慣嗎？

A.會加上好幾道鎖，擔心治安不好

B.會另外加裝一道安全鎖，求個心安

C.只用基本配鎖，覺得自己不會那麼倒楣

4.閒來無事時，會出去散步嗎？

A.會，不過多半在附近繞圈子

B.會去比較遠、平常很少去的地方

C.喜歡到從來沒去過的地方冒險

5.平均每天花多久時間通勤？

A.十分鐘以內

B.十～三十分鐘左右

C.超過半小時

6.一早起來是否會有「不去公司」的想法？

A.難免，但次數不太多

B.次數算算還不少，跟心情好壞有很大的關係

C.只有陰雨天才會不想去公司

7.平常是否有飼養寵物的習慣？

A.我超級喜歡小動物

B.我喜歡養寵物，只是牠們的一些小毛病，會讓我覺得麻煩

C.我很少或從來沒養過寵物

8.如果可以在一〇一大樓租個樓層來工作，你會選擇：

A.五十層，沒人打擾，而且視野不錯

B.當然是最高層，喜歡站在最高點的感覺

C.一樓，進出會比較方便

9.洗澡時，通常從哪個部位開始洗？

A.先從臉開始

B.從胸部開始

C.從個人私密處開始

評分標準：

選A得一分，選B得三分，選C得五分，最後計算總分。

測試結果：

二十分以下：眞材實料型

你的開拓能力及創新能力不足，適合你的工作並不多，但你有高度的責任心，一旦決定做某項工作，你會全力以赴將它做到最好。工作中的你熱情專注，是個盡職的員工或老闆，因此，只要你持之以恆，對自己喜歡的專業深入研究，成功就會屬於你。建議你除了工作，也要多走出去，加強人際關係的經營。

二十~三十分：老謀深算型

你很懂得謀略，知道如何避重就輕，懂得運用包裝自己的外在形象，來掩飾工作上的一些小缺陷。廣結人脈是你在工作環境中如魚得水的一大因素，擁有這樣的性格，在職場你會很吃得開，與同事關係融洽，對晉升有很大幫助。當然，工作還要出色、有成績，老闆才會更加欣賞你。除了打工外，你也很適合自己做生意，在你的精心掌控下，一切都會朝著你期望的方向發展。

三十～四十分：脫穎而出型

你很有自己的想法，也喜歡提出自己的意見，只是沒辦法引起共鳴，常常都是差了臨門一腳，自己卻不知道問題到底出在哪裡。其實，你欠缺的只是神來一筆的啟發而已。繼續發揮自己的創意，努力付諸實踐，平時多做些「課外功課」，打好基底，相信好的運氣就會來臨。

四十分以上：創意天才型

你的專業能力或許有些欠缺，可是你的創意能力卻十分出色。你能勝任自己的工作，但是覺得這份工作無法完全發揮自己的才能，所以總是在不停地尋找機會。你非常適合從事藝術類或設計類工作，關鍵要善加利用自己的長處。固定模式的工作並不適合你，你可以嘗試再找一份兼職，盡可能地發揮自己的才能。

Part 6

金星女人的心理紅寶書

女人心，海底針。對於女性本身來說，諸多的生活問題，也常常讓這種「海底針」越發不易被人察覺，當然也包括自己 — 在愛情中，女性該抱持什麼樣的心態？在婚姻上，女性又該如何與另一半相處？為什麼女人需要強烈的安全感？為什麼女人愛嘮叨？為什麼……。心理學能讓女人正確認識自己、瞭解他人、領悟生活，讓自己更健康、更睿智！下面就開始這段美妙的心靈之旅吧！

女人為什麼喜歡「老男人」

二十四歲的小姚，是一家外貿公司的職員，她愛上了同公司、四十一歲的銷售部經理季風。兩年前，季風與妻子離婚，目前單身。身材高挑、嫵媚多姿的小姚，身邊並不乏追求者。那些追求者修件都很優秀，但小姚卻傾心季風。跟那些二十七八歲的年輕小伙子相比，小姚覺得季風這個「老男人」更具魅力。她告訴自己，不能錯過這個男人，於是發起倒追攻勢，幾輪下來，季風成了她的男友。

小姚最欣賞的是季風身上的淡定。銷售工作要面對各色人物，常常會遭遇各種意外，有一次，某個客戶單方面毀約，造成公司損失，這原本跟季風沒有直接關係，但老闆還是下重懲，將他貶職外調。面對這種變故，季風並沒有消沉，依然勤勉認眞地做著每一件事情。

有時候，她覺得這個風度優雅、內心堅定、凡事不急不躁的男人，更像自己的父親。在他面前，小姚覺得自己就像一個還沒長大的孩子，她可以向他撒嬌、發脾氣，而季風也會像她的父親一樣，哈哈笑著，將她抱在懷裡安慰她。

上例中我們發現了什麼？像季風這樣的老男人，閱世深，經歷多，淡定從容。這些特質在年輕男孩身上是很難見到的。年輕男孩性情浮躁，好鬥、愛計較，好高騖遠，容易衝動，缺乏耐性和歷練，而且沒有經濟基礎。老男人讓女人感到安心，而小男生卻讓女人惶恐。

這種對老男人的安心，實際上是「戀父情結」在撥弄著年輕女人的心房。戀父情結也稱「愛烈屈拉情結」，指女孩「親父反母」的複合情緒。傳說古希臘的愛烈屈拉公主，因母親與其情人謀殺了她的父親，決心替父報仇，最終與其兄弟殺死自己的母親。

有戀父情結的女性，總是不自覺地在尋找父親式的戀人。她們渴望寬厚的胸懷和穩定的生活，小時候，這些渴望父親都能給予滿足，而長大後能滿足她們同樣渴望的，只有事業穩定、性情穩重的老男人。就像上文說到的，老男人沒有年輕男孩那些毛病，生活和工作的閱歷，讓他們更懂得女人的需要，他們也有能力滿足這些需要。

陳凱歌曾說，年輕的女人是沃土，那麼相對的，老男人則是一座偉岸的高山，爲自己的戀人遮擋來自北方怒號的狂風。如果你是位年輕的女性，而恰好也和小姚一樣愛上了老男人，請拋開猶豫和害羞，像小姚一樣，大膽地去追求你的幸福吧！

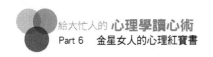

女性為何愛問「你愛不愛我」

你愛不愛我？

這個問題對女人來說很「甜蜜」，對男人來說卻很「無奈」，在多次被女友問及「愛不愛我」時，很多男人乾脆閉口不言。這讓女性很糾結：難道他變心了？對我沒感覺了？嫌棄我了？

劉小姐最近就一直爲這件事煩惱不已。她和男友相戀一年，平時因工作緣故，彼此分住在城市的兩端，只能在週末恩愛一番。每次在約定的飯店相見，劉小姐總是迫不及待地問男友：「你愛不愛我？」「愛！」「有多愛？」「像陽光愛沙灘！」「還有呢？」「像雙腳愛大地！」每當聽到這些回答，劉小姐總是露出滿意的笑容，對男友的愛更是日漸加深。

在飯店吃完飯，劉小姐挽著男友準備坐車回家。等車的時候，又冒出了一句：「你愛不愛我？」男友看看她，一笑：「愛！」接著又連續問了七八遍，男友再也招架不住，乾脆用點頭來表示。一氣之下，她甩下男友，獨自回家去了。第二天，劉小姐打電話給自己的手帕交：「他是不是不愛我了？我只問了幾遍，他就煩了！太不把我當回事了！」

其實劉小姐大可不必如此生氣，這不過是兩性不同的心理特點使然。傳統社會觀念將女性歸爲弱勢群體，需要男性的保護和肯定，當女人問自己的愛人「愛不愛我」時，其實就是在尋求一種肯定，強調自身存在的價值，以此增強自身的安全感。欲獲得安全感，是女性頻問「你愛不愛我」的主要心理因素。

安全感是人在社會活動中，尋求穩定的一種心理感受。這種感受主要來自一方的言談舉止，符合另一方的心理期待，是人維持內心平衡的本能需求。由於生理構造與社會評價標準的不同，安全感的喪失對於女性來說，具有強烈的負面效應，會導致一系列的心理問題，如強迫、恐懼、焦慮、精神分裂等病症。

渴望安全感的女性，會更強調安全感的重要性，即使花去大量的時間，也要做出一些她們認爲能獲取安全感的行爲，心裡才感到「踏實」。劉小姐就是這樣的人，當得到對方的肯定回答時，她的心裡是滿足和充實的，當對方的回答不符合自己的期待，她對安全感的渴求度就會增加，在男友面前問及「你愛不愛我」的頻率也相應增加。對安全感毫無把握的女性，容易發生幾種性格缺陷：其一，要求他人按自己的規矩行動，否則就會引發強烈的不安；其二，不接受自己的缺點、不喜歡自己，不斷的自我責備；其三，對親人及周圍的朋友過分強求。這些缺陷若毫無節制地任其發展，勢必會造成阻礙，影響彼此的感情。

所以，身爲男性，應當瞭解女性的這一心理變化，尊重和理解女性在安全感上的特殊需求。當你的女友追問「你愛不愛我」時，最好的做法就是微笑著，不停地告訴對方：是的，我愛你！

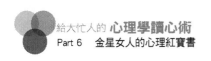

購物狂為何多為女性

女性大都喜歡購物，但有一些人會頻繁出沒於各類超市、商城，面對琳琅滿目的商品，即便是用不著的，也會毫不猶豫地掏錢購買。如果一天沒逛商場、一天沒有購物，就會渾身不自在。有時，即便自己財力不濟，寧可借錢，也要瘋狂購物，長久下來，常常將自己的生活弄得一團糟。

這一類女性被統稱爲「購物狂」。之所以會出現這種現象，與其心理偏差有直接關係。心理偏差是心理失調症的輕度表現，它的重度表現，就是心理障礙。

患有心理偏差的女性，更看重購物過程，而非結果，因爲在瘋狂購物的過程中，隨著商品的不斷累積，她們內心所缺少的自信會慢慢重拾，內心的空虛也因此而被塡補。

對於購物狂心理偏差的產生原因，主要有以下五種：

1.精神空虛

購物狂患者企圖依賴瘋狂採購，塡補心靈的空虛。信用卡的普及，更助長心理偏差的發展，因爲透過刷卡，她們看到的只是一筆筆資料，而非眞實感受到自己的錢包正迅速被掏空。

2.易幻想

某些商品對於展示女性魅力，具有象徵意義，諸如服裝、化妝品、飾物等，更能引發女性對美好事物的幻想。

3. 視覺衝擊

商場、超市設置的廣告及播放的畫面音響，對人們造成強烈的感官衝擊，女性往往禁不住這些誘惑，一時衝動就買下自己不需要的商品。

4. 觀念混淆

「購物是享受」、「購物有益健康」等觀念，充斥在我們周圍。實際上，這些廣告或促銷訊息是片面的。受這些觀念的影響，使得女性在潛意識中，強化自身增加購物欲的合理性。

5. 缺乏健康的壓力宣洩

有些女性甚少培養興趣與嗜好，因而形成一種現象，即心理補償與發洩管道缺失。是以購物便成了她們平衡情緒、舒緩壓力與宣洩情緒的最佳方式。

消除心理偏差，先從改掉瘋狂購物行為下手。心理學家的建議是「替代療法」，像是以運動來代替購物。

當一個人為了完成某個既定的目標，而調整自己的時間安排時，她就是在改變自己的生活方式，使之朝向健康的、有規律的生活作息轉變，而健康的生活方式可以幫助她，應對眼前的危機，形成良性循環。

「白骨精」怎麼成了剩女

白領、骨幹、精英，簡稱「白骨精」，是企業的中堅，也是團隊的領袖。在人們的普遍印象中，這類高階職場女性，應該不愁沒有護花使者。然而很多「白骨精」都是「剩女」，這並非危言聳聽，單身「白骨精」確是職場一道另類的風景。這些優秀的女性，怎麼就被「剩下」了呢？張小姐的母親百思不得其解。

張小姐，現年三十歲，是一家網路公司的銷售主管，屬於傳說中剩女級別的第三級——「必剩客」。當她的朋友第一次這麼叫她的時候，她有些不適應，但現在已經習慣到常拿這個稱號來自嘲了。張小姐談過五次戀愛，相過無數次親，但沒有一次令她滿意。她的母親問她到底想找什麼樣的，她說自己也不知道，雖然不知道，但她強調絕對不能湊合。

眼看周圍親戚朋友的女兒都嫁了人，生了孩子，一家人享受著天倫之樂，張小姐的母親忍不住又託朋友給女兒安排個相親飯局。兩人在一間格調優雅的爵士酒吧見面。男人斯斯文文的，看上去還不錯。兩人坐下來聊了幾句，突然，男人問張小姐：「你都已經三十歲了，給自己存了多少嫁妝？」

這個問題讓張小姐覺得很詫異，她看了看那個男人，覺得他不是在開玩笑，坦言相告：「沒有多少。」男人緊接著問：「有沒有五十萬？」張小姐啞然失笑。婚姻的買賣關係這麼明確，她覺得自己和這個男人根本不對路，這次相親宣告失敗。母親對她說：「要不要再換一個？」

張小姐苦笑著搖搖頭。她對她的朋友說：「不是我不想找男朋友，實在是沒一個對味的。」話雖如此，但爲了不讓母親擔心，她還是乖乖接受安排。她現在常說的一句話是——我不是在相親，就是在相親的路上。

「不是我眼光高，是沒一個合適的。」這恐怕是像張小姐一樣的剩女們共同的心聲。由此可見，「白骨精」成爲「剩女」，很多時候是出於無奈。她們擁有高知識、高學歷、高職位和高收入，更注重與對方的精神交流，而不是前文中那個男人一樣，把婚姻看成簡單的價值交換。她們對另一半、對婚姻，有著更爲美好的期待——寧肯剩著，也不打折，是她們對婚姻的基本原則。

無論是「期待」還是「等待」，都是這些職場「白骨精」的「等公車心理」在作祟。「等公車心理」是愛情心理學最重要的概念之一。「等公車心理」反映出的是「不甘心」。前面一輛又一輛公車開過去，裡面擠滿了人，而且看上去車體破舊不堪，雖然時間不等人，但你還是不甘心將自己託付給那些「破車」，你認爲好車就在後頭，那輛「完美公車」是爲你一個人準備的。

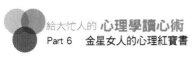

正因爲有著這樣的心理，任憑時間流逝、歲月蹉跎，也絕不輕易在一般的公車面前停下腳步。在這樣的等待中，你年華老去、青春不再。由此，你的「不甘心」變得越發嚴重，最後，只能「剩剩不息」，一「剩」到底。

「等公車心理」是一種消極的自我強求的心理，它嚴重影響「白骨精」們正常的生活和工作，自覺不自覺地將寶貴的時間，消耗在無可奈何的等待之中。那麼，如何正確地認識自己和他人，早日尋覓到如意郎君呢？「白骨精」不妨從這樣幾點入手：

首先，不要執著於所謂的「感覺」，正視婚姻和生活本身的價值。這個世界上有許多平凡普通的人，這些人或許不是成功人士，或許不是時尚名人，但是他們有生活情趣，無人格缺陷。他們是生活的主流，更懂得愛，更善於溝通，更適合與你在平凡的生活中，創造別具一格的人生風景。越是幸福的婚姻越平凡。愛情也好，婚姻也罷，需要的是慧眼、自明，而不是感覺。

其次，不要封閉自我。「白骨精」們每天的生活，被繁忙的工作佔據，但這無非是「找不到趣味相投的人」的藉口，更多時候是本身抗拒與外界的接觸，封閉在狹窄的工作空間，常常被孤獨、寂寞所籠罩，由此造成更多的心理陰影。

最後，不要追隨「剩女」現象。如果你把它當成一種潮流而跟進，在你享受單身的快樂時，可能會失去更爲寶貴的東西，比如默默關心你的人、暗戀你的人，他們可能都很優秀，你卻錯失美好的姻緣或機會。

為什麼女人愛翻舊帳

「我和你交往前，有過一個女朋友，後來她出國，我們就沒聯絡了。」結婚一周年紀念日當晚，丈夫跟妻子說了這麼一句話。

「沒什麼，誰沒有過去？雖然你應該早點跟我說的，但現在也不晚。」愣了一會後，太太笑著說出這番話。

沒有想到的是，丈夫的這句「交代」，卻爲日後的相處埋下一顆不定時炸彈，自此生活完全走調。

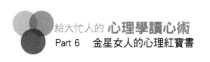

一次，丈夫因爲同學聚會，晚上沒有回家，睡在同學家，隔天直接去公司上班。下班回到家，妻子正陰著一張臉，坐在沙發上等他，質問：「不回來怎麼也不說一聲？要不是小李今天打電話來，我還被你蒙在鼓裡。你說！你到底還有什麼事情瞞著我？是不是偷偷去會老情人了！」

他費了一番唇舌解釋，老婆才消氣。但是沒過多久，兩人在誰洗衣服、誰做飯引起的爭吵中，妻子又提起丈夫的前女友：「要是看我不順眼，就去吃回頭草吧！」

這句話似乎成了妻子的武器，只要與丈夫起口角，她就老翻他的舊帳。這讓丈夫很不是滋味，他無奈地對他的朋友說：「爲什麼女人喜歡翻舊帳呢？」

這的確是許多已婚男人共同的心聲，太太上得了廳堂、下得了廚房，但美中不足的是，動不動就舊事重提，尤其是過往情史或是「不堪過去」，讓對方下不了臺，以此來達到「收服」男人心的目的。

女人愛翻舊帳，其實是啓動心理防禦機制運作之故。心理防禦機制分爲積極的防禦和消極的防禦。積極的防禦，是以幽默的語言和正面的行動，來消除外界投射到自己身上的不良影響，以此維持心理平衡，這是一種高尚情操和自信性格的雙重作用；消極的防禦機制，是以象徵性的事物，或是以令自己不快的事情，來彌補心理上的不安。

女性愛翻舊帳，其實就是一種消極的防禦機制，但這種機制往往是無意識，或至少是部分無意識的。這也正是爲什麼很多女性在翻完舊帳之後，總是會覺得奇怪——上回不是答應不再提舊事了嗎？怎麼每次都改不了？其實這是心理防禦機制所具有的、欺騙性一面的表現。它折射的是女性意識當中的焦慮衝動，透過歪曲記憶和感覺，阻斷某一心理過程，而達成防禦自我，免於焦慮的目的。

心理防禦機制是正常的心理現象，女性朋友大可不必惴惴不安，以爲自己與別人不同。如果你是男性，身邊有個愛翻舊帳的女友或是妻子，也不必覺得自己「命苦」，你可以嘗試跟她徹底談一次，將往事像放電影一樣開誠布公向她坦承，並述說你當時的心情，和你現在對她的感情。在這個過程中，你要不斷鼓勵她說出對這件事的感受。開始時，她可能會生氣（這也很正常），說一些過頭的話，你所要做的只是靜靜地聆聽，就當她在「排毒」，等「毒素」全部排出，她的內心也就平和了，你們之間的感情也能更進一步。

心理小遊戲

從坐姿看女人性格

請選擇你常見的坐姿（限女性）：

A.雙腳併攏，外傾於一個固定方向。

B.蹺著二郎腿。

C.膝蓋靠近，膝蓋以下則分開。

D.坐時常將腳尖相互交叉。

測試結果：

選A：對工作、對生活，你都是個嚴格要求自己的人。對於你的男友，你希望他是個談吐出眾、品位不凡的人，而且必須有卓爾不群的性格。不過，儘管你很聰明，有時候也難免栽在反應敏銳的「花花公子」手上，可要小心了。

選B：如果你蹺的是右腿，那麼反映出你性格內向而保守，凡事沒有十足把握不會去做，對於愛情，你習慣等待，就算遇到一個心儀的男人，你也不會主動表白，往往錯失很多機會。如果你蹺的是左腿，那麼你富於冒險精神，喜歡挑戰，不達目的絕不甘休，對於愛情，你認真、大膽，能準確把握自己的情感風向。

選C：你是個率性、毫無心機的女人，心直口快，容易給人不夠成熟的感覺；對於愛情，你期待，但不奢望，因此很少爲情所困，也不太在乎身邊有沒有異性陪伴。

選D：你性格拘謹而含蓄，在和人交往中容易緊張，偶爾會出現張口結舌的窘態。你安於現狀，沒有太強烈的進取心和功利心。對你來說，愛情和婚姻是你人生最重要的部分，因此，你是個「嫁雞隨雞，嫁狗隨狗」的本分女人。

Part 7

瞭解男人的心路

　　男人是座山，但這座山也有很多通幽曲徑，在讓別人暈頭轉向的同時，男人自己也捉摸不透自己的心思，對婚姻的態度、對工作的熱忱、對情愛的執著，甚或對生活本身的追求，都難免陷入奇怪的漩渦。這個漩渦造就了男人的祕密，祕密顏色斑斕，迷人炫目，揉合著剛性的情趣和柔軟的內心。

男人為什麼婚後易出軌

爲什麼男人容易出軌呢?即使妻賢子孝，家庭和樂美滿，也無法確保不會重演「犀利人妻」眞實版?在回答這個問題之前，先來看看出軌男人的四種類型：

1.越軌專家型

這類男人出軌，只爲享受一段輕鬆快意的時光，只求今日快活，不問明天如何。不會與情人山盟海誓、天長地久，更不會爲此離開自己的妻子。

2.證明自我型

此型之所以要找一個妻子之外的人，不過是想證實自己的魅力，這個魅力，當然也包括性能力。他們會對自己的情人懷有感激之情，但和越軌專家型的男人一樣，他們不會因此而離開自己的家庭。

3.危機轉移型

是出軌男人中最常見的一類。肇因於不滿意目前和妻子的關係，這才動起「歪腦筋」，在另一份看似激情熱烈的感情中尋找慰藉。

4.冷酷無情型

這類男人屬於天涯浪子型，婚姻對於他們來說，只是一種形式。他們會和情人發生性關係，卻又對情人視若無睹，不動任何感情。「浪子的心」讓他們不想受到任何女人的「牽絆」。

其實，出軌男人無論屬於哪種類型，都源自一種心理反應，那就是多重情感的需求。按照馬斯洛的需要層次理論，人們的需求，是人格完善的重要組成部分。這類需求主要分為生理需求、心理需求、社交需求、尊重需求、自我實現需求、超自我實現需求。這些需求由低到高，以階梯形的方式呈現出來。

雖然生理需求是人類最基礎的需求，但是它深刻影響著人們對其他需求的驅動力。就像人們常說的「只有吃飽飯，才有力氣向前跑」，生理需求也具有相似的作用。同時，這也是男性獲得安全感的重要方式，男性的生理特性，直接影響到人格的自我實現。

「自我」是個體的心理經驗，也是一種主觀意識，它強調的是自己肯定自己，這種肯定雖然需要外界的輔助，但主要是透過自己的行動來實現。這種行動加強了自我意識，將生理需求帶來的安全感最大化，由此得到心理的滿足。

不過，再合理的心理學解釋，都不能掩蓋男人出軌的非道德色彩，這種行為不僅對處於不同立場的女性是種傷害，對男人自己也是一種折磨。

對已婚男人來說，沒有什麼比經營婚姻與家庭更重要的事情。你必須將妻子擺在最為重要的位置，只有家庭和諧，才能營造出和諧的生活，才有精力和信念去做好其他的事情。另外，增加夫妻之間的生活情趣，為日趨平淡無味的生活增添新的情調，也是替婚姻加分的好方法。當然，溝通也是必不可少的。夫妻之間應該多一些交流，而不是例行公事。交流方式也可以多樣化，或看個電影、喝杯咖啡，或來個燭光晚餐，這樣也可以讓兩人重溫戀愛時的美妙。

為何男人會得「蓋茲崇拜症」

幾個三十多歲的男人，圍在一間狹小的辦公室，緊盯著電腦螢幕上不斷變換的各種畫面和資料。他們頭髮零亂，眼睛又紅又腫，臉上起了很多小疙瘩，說話的時候，嘴裡還散發出臭味。他們已經在辦公室連續熬了五個通宵。連天來，吃喝拉撒都在辦公室解決，沒有洗過臉，沒有洗過澡。他們正在研發一款全新的軟體。

軟體研發是從一年前開始的，這沒日沒夜的五天，是最後的攻堅階段。在這幾個人當中，只有兩位有軟體研發背景，其他都是初試啼聲，他們在電視、雜誌、報紙上，看到比爾　蓋茲、楊致遠、馬雲等等這些網路世界風雲人物的成功事蹟，讓這些三十歲左右的年輕人心生崇敬嚮往，繼而效法。他們有志一同，開始了他們的創業盛舉。他們相信也能像比爾　蓋茲那樣，成爲軟體業的風雲人物。

但是，軟體推出後，卻不見任何市場反應。他們原本以爲會有許多企業來洽談結盟合作，也預期有人開價欲收購公司，但卻乏人問津。此時，他們的資金告罄，一些債主開始上門要錢。他們陷入了迷茫，有兩個人還因此患上了神經衰弱。

上例中的這些人，或許就在你我的身邊，他們從各個媒體管道的宣傳中，看到比爾　蓋茲、楊致遠、馬雲等人的成功事蹟後，非常渴望成爲他們那樣的人。他們也像那些成功者當初創業時那樣，搞網路，建平臺，研發軟體發展，或者去做股權投資。但是因爲種種原因，成果不符原先的期待，繼而感到自卑、不斷自責，對自己失去信心，有的人甚至開始沉淪。其實，這是「蓋茲崇拜症」的典型症狀。

「蓋茲崇拜症」是近幾年出現的新型心理疾病，是精神失調症的一種。研究發現，有三種人最容易患上此心理疾病，一是要進大學的高中畢業生，一是尋找工作的大學畢業生，一是即將三十歲，或已三十歲的人。這三種人都處於人生的轉換期，他們期望在人生的重要階段，體現出自身價值，因此，對成功的渴望也比其他人來得強烈。

爲什麼會出現這種現象？這主要是因爲整體社會對成功者的過度吹捧，在傳媒潛移默化的影響下，「成功」、「英雄」成了每個男人心中不斷默念的詞，一些電視節目或報紙雜誌，總是神化「一夕致富」、「精明投資」，並且把他們生活的每一個細節，都奉爲「成功象徵」的資訊，卻對創業過程的風險艱難簡化處理。

對於患上「蓋茲崇拜症」的人，先要給自己設定一個容易實現的目標，以此增強信心，這對消除心理障礙、健康成長，有著積極的意義。其次，要腳踏實地，穩紮穩打，追求的目標要結合客觀實情，不好高騖遠；對媒體的各種報導，要有自己的觀點和看法，不要人云亦云；多了解自己，多注重人生觀和價值觀的培養。

「工作狂」是男性的心理疾病

三天兩頭不回家，不是在出差，就是在出差的路上。

午休時間，邊吃飯邊看檔案，冷不防冒出一句：這個文案應該加點醬油。

主動放棄節假日，除了工作，還是工作。

爲更上一層樓，參加各種職業培訓。

若老闆強行讓他休息，他會很失落，在家也不知道做什麼，並且對自己不能工作感到內疚。

不能容忍別人講工作以外的事情。

你符合以上哪一條？如果都沒有，那眞是可喜可賀。只要具備其中一條，都顯示你可能患上一種心理疾病，那就是「工作狂」。

工作狂也是心理疾病嗎？沒錯。在很多國家，以公司爲家、拼命三郎型的工作狂，被列爲褒義詞，普世認爲值得嘉許。很多工作狂還被評爲「先進典型」，成爲模範人物。但是研究顯示，工作狂是「依賴綜合症」的表現。

依賴綜合症是成癮心理的反映，是將自身的情緒寄託於他物的心理狀態。不工作就無精打采、腦袋空空，像失了魂一樣；一工作就精神矍鑠、興奮無比。這就是依賴綜合症在工作狂身上的典型表現。

患有依賴綜合症的人，往往不容易意識到自己的心理問題，因爲身爲工作狂，可以找出很多拼命工作的理由：

男人應該以事業爲重，兒女情長暫放一邊。

上有高堂，下有妻小，全家生計都靠我，得多賺錢。

今天不努力工作，明天就得努力找工作，我可不想失業。

工作能證明自身價值。

……

理由不勝枚舉，正因爲這樣，很多男性也就放任依賴綜合症在自己內心生根發芽，直至身體出現不適反應才發現不對勁。這些不適主要包括高血壓、失眠、長期頭痛、腰痠背痛等。當然，依賴綜合症也會影響家庭生活，因爲全部心力投入工作，自然就少了對家人的關心，久而久之，感情變得淡薄，誤會和隔閡相繼產生。

那麼，怎樣才能遠離依賴綜合症帶來的心理衝擊呢？

有三點建議可以參考：

第一點，每天給自己列一份工作表，設定明確的工作量，按部就班將其完成，在這個過程中，要多與他人合作，同時注重提高工作效率。

第二點，生活除了工作，還要有別的樂趣才是，工作狂應當學會享受這些樂趣。要多留意身邊的小事，看看別人走路的樣子，聽聽風吹過耳畔的聲音，看電視的時候應有意識地讓自己放鬆，學會忽視一些事情的方法。

第三點，忘記工作時的工作用語，給自己少找一點拼命工作的理由。

另外，工作狂不妨先想想，工作是爲了滿足生活樂趣？或者長期超時工作，代價是家庭關係破裂等不幸找上門，划得來嗎？然後問問自己，哪一種選擇值得自己付出。藉此權衡一下，自己爲之奮鬥的目標與家庭的關係。

熟男婚姻觀：不娶初戀情人

初戀是什麼滋味？每個人的回答大不同：甜美的，苦澀的，惆悵的……不管初戀的滋味如何，但可以肯定的是，無論成功還是失敗，初戀都給男人和女人留下最爲深刻的印象，是生命中最爲寶貴的經歷之一。可是，當問及經過歲月歷練而變得成熟的男人，會不會娶初戀對象時，他們大多數都會微笑著搖搖頭。

爲什麼成熟男人不娶初戀情人呢？我們先來看看初戀對象的幾項特徵：

（1）愛情至上，絕對的浪漫主義者，對男人要求苛刻，時常讓人喘不過氣來。

（2）喜歡撒嬌，愛耍小性子，總拿一些稀奇古怪的想法來折磨男人。

（3）情緒不穩定，常常以各種莫名其妙的理由，突然失蹤。

（4）經常發嗲，看上去像是一個永遠長不大的孩子。

（5）喜歡把愛情當做遊戲看待，時常考驗男人的耐心。

（6）凡事苛求完美，想法不切實際。

我們不難發現，浪漫、理想、不切實際、不穩定、長不大，是她們的關鍵字，透過這些，我們似乎已經找到成熟男人不娶初戀情人的原因。

經過初戀的洗禮、時間的沉澱、歲月的歷練，小男生已經成長爲成熟男人。成熟男人對於生活、對於感情，有著更爲現實的考慮，對於他們來說，初戀是一次經歷，而不是一種結果。成熟男人更懂得婚姻生活需要什麼，而初戀情人（包括當時的自己）對這些，基本上還處於懵懂狀態。正因如此，談及婚姻，成熟男人更願意娶成熟女性爲妻。這其實是男性相似性心理狀態的體現。

相似性是行爲心理的重要概念。研究發現，人們更願意跟行爲特徵和心理特點與自己相似的人接觸、交往。因爲相似性能增加彼此的信任，從中獲取足夠的認同和肯定。這種尋求相似性的現象，從遠古時期就存在。那時候的人類透過手勢、動作及聲音，來判斷對方是否屬於自己的部落，從而辨別敵我。

婚戀其實也是如此。比起初戀對象，成熟女性少了很多幻想，多了生活的現實感，她們知道婚姻意味著柴米油鹽醬醋茶，而不是「王子公主從此過著幸福快樂的生活」；她們也更瞭解男人的需要；她們把撒嬌和玩鬧看成是生活的一部分，而不是生活的全部。對於成熟的男性來說，這些特點都與自己的經歷或認識相似，於是他們娶了成熟女人，而不娶初戀情人。

心理小遊戲

從言談舉止看男性魅力

都說女人心，海底針，其實男人也是如此，一個人的外貌很好識別，但內在很難把握，男性的魅力就是這樣一種難以言明之物。做完以下的測試，我們就能從男性的言談舉止中，一探他們的魅力。

1.你認為男性魅力主要體現在：
A.外貌英俊　B.強壯與健美　C.個性和氣質

2.你與女性交談的話題，主要是：
A.情感心理方面　B.人生追求方面　C.社會現象方面

3.你的性格特點是偏向於：
A.外向型　B.適中型　C.內向型

4.你與女性交往，出於什麼樣的動機？
A.尋求戀人　B.尋求友情　C.尋求生活樂趣

5.你是否願意告訴別人自己內心深處的感受？
A.不願意　B.可以，但稍作保留　C.毫無保留地傾訴

6.你對生活抱持什麼態度？

A.充滿熱情　B.冷靜審視　C.超凡脫俗

7.你在與女性交往時的穿著打扮是：

A.整潔美觀　B.稍作修飾　C.無所謂

8.你對自我形象的感覺如何？

A.沒有認眞思考過　B.稍有不完美的感覺　C.稍有完美的感覺

9.你希望女性對你有什麼樣的觀感？

A.值得崇拜和尊敬　B.可依賴和順從的　C.隨和、親切而自然

10.當女性注視你時，你的反應是：

A.與對方目光對視　B.避開對方視線　C.與對方稍稍對視

評分標準：

選A得三分，選B得二分，選C得一分，計算總得分。

測試結果：

二十～三十分：你懂得男子漢魅力的關鍵所在。能與女性自然的交往、相處。只要你與她們能眞誠相待，就能使友情長存。

十～二十分：表明你已具備了一定的魅力，掌握了對於魅力的正確認識。只要在今後的生活和社交中，努力塑造自己在個性和氣質方面的形象，注意改善和提高自己在各方面的修養和水準，瞭解女性的內心情感需要，就能與女性保持永久、純潔的友誼。

十分以下：你該認眞地反省一下自己的行爲和觀念了。不要因爲自己的性格特點和個性因素而封閉自己。對於你來說，成爲一個眞正有魅力的男子漢尚有一段距離。

Part 8

讓自己更受歡迎的社交心理術

人際關係的經營哲學，是每個人都要學習的功課。如果拿捏失準，就容易事倍功半，功虧一簣。有些問題適合透過人脈解決，若缺乏此方資源，甚為可惜。因此，瞭解人們在人際交往中呈現出的心理狀態，藉以調整自己，廣結善緣，對於每個社會人來說顯得格外重要。

什麼是人際交往

人是生活在社會群體之中的，若離開社會，將無法獨立生存。在社會中，人們從事各種活動，與他人廣泛接觸，進行直接或間接的交流，建立各種各樣的聯繫，相互發生作用，這就是在進行人際交往。人際交往不僅是維護和發展人與人之間關係的媒介，同時也是個體心理正常發展的基礎和必要條件。人際關係不是單一的，有時透過人際交往會產生聯合的情感，即人際吸引；有時則是產生分離的情感，其結果就是疏遠、厭惡、絕交。

在社會活動中，人們運用語言符號系統或非語言符號系統，來相互交流資訊、溝通情感，在這一過程中，藉由傳遞思想、觀點、情感、態度和意見發生互動。

人際交往是人們共同活動的特殊形式。任何個人或團體進行的交往，總是爲達到某種目的、滿足某種需要而展開。人們交往時，根據對方的反應來選擇某種交往策略，以達到影響對方的目的，所採取的策略，既受當時的環境因素，如時間、空間及自然條件等的影響，也受個體的過去經驗和期望的影響。當雙方採取策略進行交往時，就發生了相互作用。這種交往是系統性的活動過程，它不僅有開始、有結束，同時它不斷地運動、變化著。

在人際交往的過程中，人們彼此交流各種思想、觀點、情感、態度和意見，這對於個體的社會化以及再社會化，具有積極促進的效果。不僅如此，個人在社會群體和他人的影響下，心理活動的變化、彼此間的交互影響和心理效應，都是以人際交往、資訊溝通爲前提條件的，是以沒有人際溝通，便不會產生社會心理現象。

在社會心理學中，人際交往通常也稱爲人際溝通，但嚴格地說，「交往」與「溝通」的內涵不同。交往是人類族群特有的社會現象，除資訊的交流外，還有情感和態度的交流。溝通主要是指資訊的傳遞，不僅人類有溝通，動物群也存在著溝通現象。另外，人際交往是雙向的，而溝通則可以是單向的，如兩個人面對面談話，稱爲交往，而收看電視、收聽廣播，則稱爲溝通，不能稱爲交往。

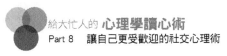

一般說來，人際交往主要有以下幾個方面的特點：

1.交往雙方都是積極的主體

在交往過程中，每一個參與者，都是積極活動的主體，即使是處於次要地位的一方，也不是完全被動地發送或接受資訊、機械回答，而是根據自己已有的知識經驗，按照自己的要求、興趣和態度去理解對方，主動分析對方言語的目的和意圖，做出回饋。對方也根據回饋資訊，及時調整自己的言行。所以，人際交往不是簡單的「資訊傳遞」，至少是一種資訊的積極交流。

2.交往會在一定程度上，改變雙方的關係

交往的目的並不是單純爲了交流資訊，而是力圖透過交往，達到影響對方的目的，使雙方的態度和行爲趨於一致，以保持良好的人際關係。因此，交往是雙方相互積極地施加影響的過程。

3.人際交往的順利進行，必須有相同的編碼和解碼系統

人際交往是借助特定符號進行的，傳播者透過符號來表達意義，即編碼；接受者對接收到的資訊（符號）進行理解，即解碼，是以雙方必須掌握統一的編碼和解碼規則系統，才能形成良好的溝通，否則，彼此就不能眞正有效地溝通與理解。

4.人際交往中，存在著社會障礙和心理障礙

良好的資訊傳遞系統，並不總是能保證交往的順利完成，還存在一些與資訊傳遞系統無關的因素，如文化、社會、心理，包括個人的需要、動機和知識結構等問題，都會影響人們對言語情境，以及交流資訊的理解，從而妨礙交往的深淺程度與進展。

多打電話不如多見面

讓我們先來看這個實驗：

心理學家拿了一些照片讓被試者看，有些照片被試看了二十五次，有的被試者只看一兩次。測試結束後，心理學家問被試者對照片的喜歡程度。回答「我很喜歡他們」的，是看了二十五次的被試者，而回答「沒感覺」或「不喜歡」的，是只看了一兩次的被試者。

爲了與這個實驗相對應，心理學家在當天下午又做了一次實驗。他們讓兩個被試者以不同距離，先後坐在某個人的旁邊和他聊天。前一個人坐在他身邊，聊了十分鐘；後一個坐在離他一米的距離，聊了兩分鐘。問被試者對那人的感受，前一人回答：「非常親切，很投機」，後一人回答：「沒什麼印象，名字也記不得了」。

透過上述實驗可以發現：交往頻率和交往距離，決定了人際交往的親密程度，這是「熟習性原則」的作用，熟習性原則也稱爲「交往頻率原則」。

爲什麼交往頻率和交往距離，決定了人際交往的親密程度呢？這是因爲你與交往對象頻繁見面，勢必會增加彼此的熟悉程度，相對於其他人來說，更能引起對方的關注；而交往距離的遠近，則在某種程度上決定彼此在交往過程中的信任和親密。這就好比看東西，近在咫尺的會看得很仔細，也能留下深刻印象，而距離遠的，則只能有個相對模糊的印象，對方自然不會有太深刻的感受。

也許你有這樣的經歷：你與你的好朋友遠隔兩地，經常通電話，有日你們在彼此一方的城市相聚，發現你們之間的感情比起過去生疏了許多，而他跟他身邊的那些只來往了幾個月的朋友，卻顯得親密。這是因為他們天天相見，在見面頻率和距離上都靠得很近，自然比較親密。但這並不意味著你們的友誼出了問題，而是另有原因。由於人們普遍有著建立和諧人際關係的期望，會努力和相近者友好相處，儘量避免彼此發生不愉快的事情，因此，在處理彼此關係時，會更傾向於多看積極面，忽視消極面，如此，雙方便為增進情感、增加交往、建立穩固關係，營造好的開始。

人們在互動過程中，出於本能，總是希望以最少代價，換取最大報酬。交往頻率的增加，交往距離的拉近，能更容易瞭解對方，用很短的時間，就能獲得關於對方的某些資訊，容易判斷出對方的脾氣、性情，從而在與對方交往時，產生一種安全感，也就是我們常講的「和這個人來往，我心裡有數」。

如果你想順利展開你的人際交往，那麼就請從「頻率」和「距離」這兩方面入手吧！

為什麼說第一印象很重要

念書時，老師教育我們，要給別人留下好印象；面試前，朋友會提醒我們，給面試官留下好印象；上班時，父母也同樣教導我們，要給老闆和同事留下好印象。這裡所謂的「好印象」，指的就是第一印象，它影響著人們對你的性格和處世的判斷。

假如給人第一印象不佳，那麼接下來你可能會吃大虧，卻也摸不著頭緒。李小姐就是這樣一個例子。

這一天，正在逛街的李小姐接到來電，通知她隔天上午九點去面試。這個消息讓她興奮不已。爲了讓面試加分，她買了幾件名牌衣服，還有一些名貴的化妝品，晚上早早入睡，以備明日萬全應戰。

第二天，光鮮自信的李小姐來到保險公司人資部。面試過程很順利，她自信滿滿，有把握一定能勝出。面試結束後走出辦公室，一不小心與突然出現在眼前的清潔工碰撞了一下，她一下子跳開，撫了撫自己昂貴的外衣，對清潔工又喊又叫。清潔工看著怒髮衝冠的李小姐，微微一笑，什麼也沒說，拿著掃帚走了。

這一幕被面試官看在眼裡，他把李小姐請到辦公室，告訴她原本面試結果三天後才會發通知，但他現在就可以告訴李小姐她被淘汰了。李小姐當下一頭霧水，問了一句：「爲什麼？」

這個問題一直糾纏在李小姐的心中。

其實，這就是沒給人留下深刻而良好的第一印象的緣故。由於在與陌生人的接觸過程中，我們無法在短時間內對其整體有通盤的瞭解，於是人們便會藉由對方給自己的最初印象去認識對方，以便在最短的時間內，熟悉和知曉對方的性格，評估下一步互動的方式。正因如此，人們對一個人的第一印象會非常深刻。這種對第一印象的關注，被稱作「首因效應」。

首因效應是非常普遍的心理現象。就像本節開頭所說的，人人都在提醒我們，要給對方留下好印象。「那人看上去色瞇瞇的，一定不是什麼好人。」「那個人說話不看人，一定很傲慢。」「你一個大男人，留什麼長髮，別人以爲你是流氓呢！」我們經常聽到這樣的話語，這都是第一印象對人們所造成的影響。

既然首因效應在人際交往中有那麼大的作用，我們更應該注重自己的形象，努力給對方好的觀感。我們可以從自己的著裝、言行、儀態上進行自我規範，以達到最佳的效果。

1.自信

有人說：「自信是一種精神」，這話一點沒錯。這種精神體現出對自身才幹、能力、品格、修養，以及健康狀況、相貌等的一種自我認同和自我肯定。心理學家指出，一個人要是走路時步履堅定，與人交談時談吐得體，說話時雙目有神，目光正視對方，善於運用眼神交流，就會給人自信、可靠、積極向上的感覺。

2.言行合宜

言談舉止合宜是與別人打交道時最基本的禮貌。尤其要注意的是，不要隨便打斷別人的講話，不追問自己不必知道或別人不想說的事情，否則會給別人留下惡劣的印象。

3. 衣著得體

與人交往可以說是一件「公事」，而非「私事」。輕便的衣著，會讓人感到輕鬆愉快，拉近彼此的距離，但是過分輕便，會適得其反，別人會認爲你不尊重自己、看低自己，或不在乎這次會面。心理學家研究發現，形象較好的人，受歡迎程度和工作起薪，比不大注意形象的人，要高出8％～20％。

4. 不卑不亢

驕傲自大、過分張揚，很容易引起別人的反感；而以討好的姿態巴結別人，不僅會損害自己的人格，更會讓對方覺得你是個不可交的勢利小人。

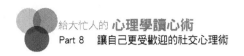

微笑是社交最好的潤滑劑

你希望看到朋友笑口常開？還是愁眉苦臉？答案想必是前者。要問原因，人們大多會這樣回答，看上去舒服啊！但是蔣先生似乎並不明白箇中道理，以至在跟人打交道時受到冷遇，原本可以談成的合作也泡了湯。

蔣先生是一家商貿公司的老闆，生意做得還算順利。但二〇〇八年發生的全球金融危機，給他的事業帶來不小衝擊，出口訂單銳減，貨物在倉庫堆積如山，工人又要求漲工資，讓蔣先生很是煩惱，鎮日都在爲資金憂心。公司的事已經讓他焦頭爛額了，回到家裡，又爲了兒子的教育方式跟太太有所爭執，夫妻關係降至冰點。蔣先生成天鬱鬱寡歡，他的好友決定幫他一把。

好友邀請蔣先生參加商務宴會，他告訴蔣先生，屆時將有很多投資人與會，是個非常好的融資機會。但在宴會上，蔣先生板著一張臉，讓人退避三舍。好友爲他介紹一位投資人，他原本無意與蔣先生接觸，但礙於好友的面子，還是勉強和他談了幾句，但關於投資的事隻字不提。

結果，在這個商務宴會上，蔣先生鎩羽而歸。

蔣先生因爲一臉「苦大仇深」，讓人心生難以接近感，他也因此失去與人深入交談、連結資源的機會。可見一張微笑的臉，對於人與人的親近是多麼的重要。

眾所周知，微笑能讓人情緒放鬆，能讓人感到愉悅，能讓人獲得信任，也能讓人感到被尊重、被關心。當人們面對一個面帶微笑的人時，防備心理就會降低，而結交對方的動機會隨之增強，這種欲望會隨著交往的深入一直持續下去。這其實就是「親和效應」在人們內心所起的作用。親和效應是人們的一種心向作用（mental set）。心向作用指的是對某一特定活動的準備狀態，它可以使我們在從事某些活動時，能夠相當熟練，節省很多時間和精力。

從「微笑」這一現象來說，當對方透過這一表情來傳達某種積極交往的信號時，我們便會在心中形成相應的情緒反應過程。我們會在這個過程中，感受到對方的需求，爲呼應這種需求，我們也會相應地在臉上表現出積極的交往信號，與之產生共鳴，從而爲彼此的交往奠定基礎。

這一過程具有不可替代的專注性，能讓我們將更多的關注目光，放在微笑的「甲」身上，而不是冷若冰霜的「乙」身上。尤其值得注意的是，這種專注性會讓我們在與對方交往前，就消除緊張感和防備性。

人際交往是一個互動的過程，你給予對方什麼，對方也會給予你什麼。倘若你想讓對方感受你的溫暖，在人際交往中營造和諧的氣息，就請不要吝嗇你的微笑。面對他人，翹起嘴角，眼神釋出善意，然後伸出手，向對方說道：「你好！」

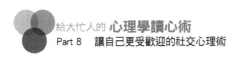

善用「自我揭露」，增加人際好感

在大學裡，小敏是同宿舍中最受歡迎的女生。其他女生雖然各個美麗動人，但在別人看來，她們冷豔高傲，非常神祕的樣子。雖然在交談中也有說有笑，但一談到自己的私人生活，如父母、家庭、感情什麼的，就立刻諱莫如深，讓別人摸不著頭腦，覺得這些女生心思太重。

小敏卻不是這樣，她之所以能交到那麼多的朋友，就是因爲大家覺得，這個文靜的女生，總是坦誠地向自己的朋友訴說煩惱——父母吵架了，弟弟惹麻煩了，自己有門課考壞了。小敏淡淡地述說，朋友靜靜地聆聽，相互間的關係越發親近，大家也越來越喜歡小敏，自己有什麼心事也說給小敏聽。

在生活中，我們不難發現這類人：他們把自己封閉起來，不與他人交流，即使交流，也只是說一些可有可無的事情，讓對方聽了無趣，不聽又不禮貌。漸漸的，彼此關係越來越生疏。這類人一般都比較寂寞、孤獨，性格也比較內向，在人際關係當中屬於「弱勢群體」。而像小敏那樣，在自己的朋友面，說說心事、談談感受，讓朋友倍感親切的同時也增進雙方的交往，則是在人際交往中，獲得肯定的一類人的表現。

人與人之間，在情感上是需要相互滿足的，如果你向對方適度袒露自己生活中的種種不快，對方也會回應你的傾訴，在這個過程中，雙方彼此打開情感的開關，建立起某種聯繫，繼而產生相互信任，從而贏得對方的心。這是一種眞實的情感呼應，不摻雜任何不健康的目的，而結果往往是令人振奮的。這便是被稱為「自我揭露」的心理現象。

自我揭露雖然能有效促進信任關係的建立，對人際交往有所幫助，但是自我揭露也需要有個限度。太少的自我揭露和太多的自我揭露，都會引起環境適應上的一連串問題。一個從不自我揭露的人，很難與他人建立起密切的關係；但是，總是向別人喋喋不休地談論自己的人，會被視為適應不良的自我中心主義者。為此，在自我揭露中，應該遵循以下兩大原則：

1. 對等原則

當一個人的自我揭露與對方相當時，才能使對方產生好感。比對方暴露得多，無形中會給對方造成壓力，因為有時候，對方只想對你說一件事，而你過分的自我揭露，則不得不讓他說更多。為了保持心理平衡，對方會採取避而遠之的防衛態度。若比對方暴露得少，又顯得缺乏交流的誠意，很難交到知心朋友。

2. 循序漸進原則

自我揭露必須緩慢、溫和，緩慢到以雙方都不感到驚訝的速度漸進。如果過早地涉及太多的個人親密關係，反而會引起憂慮和不信任感，認為你不穩重、不值得託付，從而拉大雙方的心理距離。

社交強迫症是如何造成的

小陳是一家電腦銷售公司的業務員。最近他發現自己心理上似乎出了點問題，這種感覺始自幾天前，他參加的一次行業聚會。原本預期在聚會中多結識一些「重量級」人物，擴充自己的人脈，提高自己的銷售業績，但是那次聚會來的都是與自己不相干的人。

當晚，小陳回到家中仔細想了想，這一年來參加了多少場這樣的聚會，已數不清了。不管是私人的還是工作上的，只要聽到哪裡有聚會，他不管三七二十一都去參加，但結果往往令人失望。這讓小陳很苦惱，自己是不是得了什麼心理疾病？

認識更多的人，將人脈網絡最大化，是許多職場人士經營社交的主要目的之一。他們像小陳一樣，手握名片，透過不同管道，分發給不同的人，然後結交他們，不管這個人的興趣、愛好、性格、氣質如何，也不管對自己是否有益，是否最終能成爲良友，他們只是爲了認識人而去認識人。這看似平常的行爲，其實隱藏著一個心理問題，那就是社交強迫症。患上社交強迫症的人，除了上述症狀外，還有一些莫名其妙的情況：每到下班時間，就急著聯繫飯局或聚會，熱衷在社交場合表現自己，一旦沒有社交活動，就感到寂寞、恐慌、焦慮不安。之所以會出現社交強迫症，主要有三個原因：

第一，社交場合定位不夠清晰，社交人群分層不夠精準。他們定下「寧可錯殺一千，不可放過一個」的社交原則，聚會無論大小，派對不管公私，酒水不管自理還是免費，一律通吃。就像故事中的小陳一樣，反正就是不能漏掉任何一個自己應該認識，或者最好認識的人。

第二，社交成爲主要的生活內容。如今常常可以碰到「天下誰人我不識」的「神人」，他們生活的重心就是認識人，或被人認識。他們總是會設法去找到自己想要認識的那個人。這些社交強迫症患者，對於各類社交場合的嗅覺靈敏度極高。

第三，獲得令人羨慕的虛榮感。對於這類人來說，社交是爲了認識名人。他們可以不說話，可以被晾在一邊，只要能和名人交換名片、見上名人一面，他們就滿足了。對於這類社交強迫症患者來說，這種虛榮也許就是最大的收穫。

那麼，如何有效避免社交強迫症帶來的心理危害呢？我們可以多去結交同一個產業鏈上不同環節的朋友。比如做技術開發的，應該重點結交風險投資方，或者IT設備供應商之類的朋友，而從文藝工作的，就應該多認識藝術品代理商、展覽主辦方，或者收藏家之類的朋友。

如果每個人都有清醒的頭腦和明確的社交目的，那麼社交強迫症就會乖乖舉手投降了。

心理小遊戲

在社交中你屬於哪類人？

沒有人與人之間的交往，世界將成爲一片荒涼的沙漠。人際往來爲我們帶來幸福和歡樂，爲我們的生活增加趣味和豐富度。有位心理學家說：「一個人成功的因素，85%來自社交。」那麼，在社交中你屬於哪類人呢？

請對下列問題做出「是」或「否」的選擇。

1. 碰到熟人時，我會主動打招呼。
2. 我常主動寫信給友人表達思念。
3. 旅行時，我常與不相識的人閒談。
4. 有朋友來訪時，我打心裡感到高興。
5. 沒人引見時，我很少主動與陌生人談話。
6. 我喜歡在群體中發表自己的見解。
7. 我同情弱者。
8. 我喜歡爲別人出主意。
9. 我總喜歡有人陪。

10. 我很容易被朋友說服。
11. 我總是很注意自己的儀表。
12. 如果約會遲到，我會長時間感到不安。
13. 我很少與異性交往。
14. 我到朋友家做客，從不會感到不自在。
15. 與朋友一起乘公共汽車時，我不在乎誰買票。
16. 我給朋友寫信時，常訴說自己最近的煩惱。
17. 我常能交上新的知心朋友。
18. 我喜歡與有獨特之處的人交往。
19. 我覺得輕易暴露自己的內心世界是很危險的事。
20. 我對發表意見很慎重。

評分標準：

第1～4、6～13、16～18題，答「是」得一分，答「否」不得分；第5、14、15、19、20題，答「否」得一分，答「是」不得分。

測試結果：

1～5題得分，表示交往的主動程度。得分高，說明交往偏於主動型；得分低，則意味著偏於被動型。

6～10題得分，表示交往的支配程度。得分高，表明交往偏於領袖型；得分低，則意味著偏於依從型。

11～15題得分，表示交往的規範程度。得分高，意味著交往講究嚴謹；得分低，則意味著交往較爲隨便。

16～20題得分，表示交往的開放程度。得分高，意味著交往偏於開放型；得分低，則意味著偏於閉鎖型。

如果得分處於中等水準，則表明交往傾向不明顯，屬於中間綜合型的交往者。

Part 9

網路一根線，心理大世界

隨著網路的發達與普及，一些相伴而來的奇怪現象也屢屢出現，影響人們的心理健康，尤其是對青少年影響更鉅。

大學生「網路同居」反映了什麼

家住南部的李太太，本想趁假期帶已上大學的女兒到處走走，可女兒說什麼也不肯，整天關在房間裡玩電腦。幾天觀察下來，她發現女兒在玩網上同居。女兒對母親說：「這有什麼大驚小怪的，我同學都在網上玩，又沒什麼危害，不是眞的同居。」女兒的若無其事，讓她卻非常擔心：「這麼迷戀上網，不僅耽誤學業，萬一對方存心不良，或孩子當眞陷了進去，出了什麼事，我這做媽的怎麼受得了？」

「網上同居」即是最近幾年在大學生族群中流行的「網婚」。「網婚」就是男女雙方在網上「發喜帖」、「辦喜宴」、「辦婚禮」、「鬧洞房」，在網上「結婚安家」、「操持家務」、「賺錢養家」、「過小夫妻生活」，甚至「生兒育女」，與現實中的婚姻模式幾乎一樣。

李太太的擔憂是有道理的，網上同居反映出嚴重的心理問題。若長期沉溺網上同居中，很容易導致性格的偏執和人格的扭曲。而這種現象的出現，乃因大學生處於從青春期到成人期的過渡階段，極易發生情緒偏差，這種現象被稱爲「青春危機症」。它產生的原因，主要來自以下幾個方面：

1.社交面狹窄

正因爲與外界接觸有限，加上大學生活相對清閒，便將更多的時間花在網路上，透過「網婚」這一形式來滿足自己的溝通欲望。在這種情緒下，大學生遇事容易產生焦慮、煩躁情緒，也會導致睡眠品質差，身體多病，免疫力下降。

2.理想失落

社會的急劇變化，普世價值觀念轉變，並透過各個管道散播，不可避免地對涉世未深的大學生造成影響。他們很難分清哪些是該堅持的，哪些是該被拋棄的，而原先的理想也逐漸淡漠，頭腦空虛、心靈寂寞，便到網路世界中尋求歸屬感。

3.人格教育的缺失

學校教育更注重成績，忽略了育人，尤其是對大學生，他們雖然已是成人，但內心尚未成熟。大學教育著重學術成就的催生，忽略學生健康人格的塑造和培養。在這樣的環境中，大學生的生活過度自由，導致無所事事，於是在虛擬環境中尋找寄託。

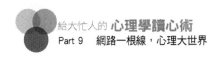

成人為何也玩網路遊戲

二〇〇四年，大陸地區網路遊戲的玩家達到二千六百萬人。

二〇〇八年，大陸地區網路遊戲的玩家達到六千一百八十萬人。

二〇〇七年，大陸地區網路遊戲的玩家達到八千七百八十萬人。

這麼多的網路遊戲玩家，未成年人占的比例一定很高吧？並非如此。調查顯示，網路遊戲玩家大多數是成年人，尤其以二十二歲～二十七歲最多。正因如此，如果你聽說，有人因爲玩網路遊戲而冷落了自己的親人時，也就無須驚訝了。遊戲是孩子的天性，可是成年人怎麼也喜歡玩網路遊戲？難道是他們沒有長大嗎？其實這與成年人的焦慮釋放有關。

無論是在生活還是在工作中，社會對於成年人，都有著很高的期待和要求。他們是社會的中堅、家庭的支柱，他們被賦予成家立業的重任。一旦不符期待，就會遭來非議，社會存在價值就會發生偏移。正因如此，成年人承受著巨大的心理壓力，由此產生各種各樣的心理問題，其中以焦慮最爲嚴重。

焦慮是指一種主客觀原因造成的內心不安或恐懼，表現爲持續性精神緊張，或發作性驚恐狀態。焦慮分爲狀態性焦慮和特質性焦慮兩種類型：狀態性焦慮是指由某一種情境而引起的焦慮，情境改變時，焦慮隨之消失；特質性焦慮主要是因爲個體的人格特點與眾不同，在相同的情境中，其情緒反應的頻率和強度也與眾不同。

奧地利心理學家彪勒認爲，遊戲是獲得心理愉悅的手段。網路遊戲同樣有這樣的效用。透過玩網路遊戲，成年人能夠釋放焦慮，生活中的挫折感獲得平撫，由此獲得精神的愉悅。尤其是動作遊戲和槍戰遊戲，更能使他們獲得滿足。

相對於網路遊戲對未成年人的負面影響，對成年人來說，網路遊戲是一種科技化排遣焦慮的方式。

網路搜尋帶來消極心理暗示

你有沒有這樣的經歷：發現頭疼身體熱，第一反應不是看醫生，而是習慣性地打開電腦，用搜索引擎查找自己可能生什麼病。小病還好，但若搜索結果五花八門，不是這個絕症，就是那個癌，你就會茶飯不思，憂心忡忡，覺得自己時日無多，繼而對一切都失去興趣，整天昏昏沉沉、無精打采。曉娟就有過這種經歷。

某年冬天，曉娟發現自己的左手發顫，拿不住東西。她懷疑自己是不是得了肌無力，有些害怕，不禁一身冷汗。爲了確認，利用網路搜尋，把有關「肌無力」的症狀查得一清二楚。看越多資料，她越害怕。看完以後，她突然覺得，自己不僅手沒有力氣，渾身上下都有氣無力。她到醫院求診，經過一番檢查，醫生告訴曉娟，她的身體沒有任何問題。曉娟還是不放心，醫生想了想對她說：「我建議你去神經內科看一看。」於是曉娟在神經內科又檢查一遍，醫生告訴她，除了有一點神經衰弱，其他都很正常。

但是曉娟明明覺得自己的手沒有力氣，這怎麼可能是神經衰弱呢？神經內科醫生說：「要是你不放心，去做個『頸部椎管狹窄』的檢查吧！」頸部椎管狹窄？她從沒聽過這個名詞，回到家，馬上上網查看有關頸部椎管狹窄的內容。網上說，頸部椎管狹窄嚴重的要動手術，但術後可能會癱瘓。第二天，曉娟急忙跑到醫院做檢查，但檢查結果依舊是「未見異常」。

這也正常，那也正常，但是手顫的症狀明明存在，左手明明沒有力氣，怎麼會「未見異常」

呢？在一番心理掙扎之後，曉娟決定不再做檢查，任其發展。她對自己說：也許我本來就沒有什麼病，只不過被網上的資訊嚇怕了。

沒過多久，曉娟手顫的症狀自動消失了。後來她想到，可能是自己的辦公桌臨窗，受風寒造成的。隔年冬天，曉娟比往年多穿一件小薄棉襖，防患未然。結果，她手顫無力的病狀沒有再出現。

曉娟受網路搜尋結果的影響，一次又一次去醫院檢查，越是「未見異常」，越是膽戰心驚，以為自己得了不治之症。這一心理過程是「負面暗示效應」的典型表現。它是指人們接受外界或他人消極、低落的情緒觀點和態度判斷，而產生的不良的心理特點。

負面暗示的積累，會造成難以扭轉的悲觀情緒，這種悲觀情緒所體現出的個體感受，往往是不眞實的，因爲個體往往並沒有眞正面臨生存危機，是情緒失控致使其對所受到的負面刺激，缺乏合理的認知，主觀上誇大該刺激的強度。就像曉娟一樣，檢查結果證明她並沒有病，但她總是認爲自己有病。

網路搜尋爲我們提供了快捷方便，讓我們能夠獲取更多的資訊和知識，但是網上的資訊龐大而無序，只能作爲參考，不能視爲定論。

針對這一心理現象，我們可以從以下兩個方面來消除負面暗示效應對我們的影響：

第一，正確認知。對自身以及他人，都要有符合實際的認識，儘量避免沒有根據的對比。

第二，積極疏導。心理疏導最常用的方法，是注意力轉移法。透過從事其他活動，將注意力暫時從帶來負面刺激的事物上轉移開。

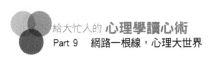

「蔡戈尼克心理」強化網路成癮症

心理學家蔡戈尼克曾做過這麼一個實驗：他交給一些人二十二種不同的任務，有一半任務要他們務必完成，完成後才結束；另一半任務則在中途打斷，不讓其完成。允許完成和不允許完成的任務的出現順序，是隨機排列的。做完實驗後，讓他們立即回憶，剛才進行哪些任務。結果，未完成的任務平均被回憶起68％，完成的任務平均被回憶起43％。這種對未完成任務的記憶比完成任務的記憶，保持得更好的現象，被稱作「蔡戈尼克效應」。

透過這個實驗，蔡戈尼克發現，在人們的心裡，存在著一種基本的行爲定式，蔡戈尼克將其稱爲「完成欲」。這種「完成欲」，在人們對未完成事情增加記憶度的同時，也形成一種條件反射——隨時隨地想著那件沒有完成的事，並想盡方法利用各種機會去將那件事情完成。

網癮的形成原因，同樣跟「蔡戈尼克效應」有關。網癮是指上網者由於長時間地和習慣性地沉浸在網路中，對網路產生強烈的依賴，達到痴迷的程度而難以自拔的心理狀態。

依賴性是判定個體是否網路成癮極爲重要的一個因素。這種依賴性，正如「蔡戈尼克效應」所顯示的那樣，因爲沒有「完成」，所以「心有掛牽」，因而形成長時間「泡網」的習慣。

人類有一種自然傾向——行爲的完整。這種傾向促使人們以各種可能的手段，來滿足自己的需求。這種需求既有先天的滿足，比如我們餓了、渴了，就要吃要喝，也有外部的影響，比如別人強迫我們做某些事。這種對行爲完整的需求，被稱爲「張力系統」。

如果一個人的「完成欲」不能得到充分滿足，那麼他的「張力系統」就會永遠存在。當任務完成之後，與之並存的張力系統也將隨之消失。由此可見，一個人的「張力系統」，是產生「蔡戈尼克效應」的心理機制。「蔡戈尼克效應」雖然強化了網癮，但是網癮也並非不能抑制，尤其是早期輕度的網癮，它的破解之法，其實就在我們生活的細節當中：

1.不要把網路當成發洩消極情緒的工具，很多人上網，是爲了排遣內心的負面情緒，但這大多是治標不治本，當你離線的時候，問題仍然存在，「逃得過初一，逃不過十五」。

2.上網之前，先定目標，做好時間規劃。每次花兩分鐘時間想一想：你要上網幹什麼？把具體要完成的任務列在紙上。不要認爲這個兩分鐘是多餘的，它可以爲你省十個兩分鐘，甚至一百個兩分鐘。

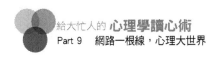

一人一世界：網路孤獨症的產生原因

網路世界無奇不有、無所不包，網路上有那麼多好玩的東西、有意思的人，飆網根本不會感到孤獨。一個表情發出去，就有無數人回應；你一說要魔獸世界大集合，絕對有很多人來到你的麾下。

然而小良的情況並非如此。事實上，接觸網路這麼多年來，他覺得自己越來越孤獨，網路並沒有帶給他所想要的快樂，相反，他覺得自己與朋友的關係漸漸變得生疏，也不願意跟周圍的人說話。上網後，心情是稍微好了一點，但這種「好」，沒一會就消失了，看著頻頻閃動的MSN，看著自己的E-mail還有博客，他什麼都不想做，甚至覺得心煩意亂，很容易發脾氣。

很顯然，小良已經患了與網路有關的心理疾病，那就是「網路孤獨症」。乍看下，他的症狀讓人匪夷所思，雖然上網時間長了，會有些冷落現實生活中的親人和朋友，但是網路打破時空限制，讓我們可以接觸到各式各樣的人事物，怎麼會出現網路孤獨症這種心理問題？

網路孤獨症是指過分關注人機對話，淡化個人與社會及他人的交往，遠離周圍夥伴，變得越來越孤僻。美國的一項調查顯示，每週上網一小時，會有40%的人孤獨程度增加20%。另外，在上網族群中，20%的人有情緒低落和孤獨感，12%的人與家人、朋友疏遠。

網路使用者和非使用者，在身心體驗上並沒有明顯差異，現實世界和網路世界，都創造了一個獨立的世界。在這個世界當中，人們彼此來往、互相交流，形成特定的互動關係，但任何社會交往，其關鍵在品質，而非數量，網路世界的特殊形態，則造成「無邊際交往」。

對方只是爲了玩某個遊戲，將你拉爲好友，爲了參與一個網路活動而與你「連連看」，交往對象不加選擇，也不注重交往內容，只爲一時所需，於是形成在網路上，人們交往密度雖比現實社會高，但是品質遠遠不及現實水準，這正是網路孤獨症產生的主因。這種心理疾病嚴重影響到生活，讓我們在人際交往中，輕重不一地出現消極、逃避，甚至破壞的暴力情緒和行爲，讓周圍的人對我們誤會，從而疏遠我們。那麼，該如何有效避免這種心理疾病發生呢？

當網路孤獨症來襲的時候，我們可以離開網路，不要經常一個人待在家裡。我們也可以將注意力集中到日常生活上，比如看著一朵花、一點燭光，或任何一件柔和美好的東西，細心觀察它的細微之處；去做個SPA，或散個步。當然，我們還可以做一些運動，活動一下身體，進行的速度要均勻緩慢，動作不需要有定式，只要感到關節放開、肌肉鬆弛就行了，你的心情由此也能得到調節。

心理小遊戲

網路成癮測驗

仔細閱讀，根據你的實際情況，在五個選項中選擇一項，如實回答。

1.實際上網的時間，有比你預期的要長嗎？
幾乎沒有　偶爾　有時　經常　總是

2.你會因爲上網，忽略自己要做的事情嗎？
幾乎沒有　偶爾　有時　經常　總是

3.你更願意上網，而不是和好友聚會嗎？
幾乎沒有　偶爾　有時　經常　總是

4.你經常在網上結交新朋友嗎？
幾乎沒有　偶爾　有時　經常　總是

5.生活中，朋友、家人會抱怨你上網時間太長嗎？
幾乎沒有　偶爾　有時　經常　總是

6.你有因爲上網而影響學業嗎？
幾乎沒有　偶爾　有時　經常　總是

7.你是否會擱下身邊需要解決的一些問題，而以上網查看E-mail或留言爲先？

幾乎沒有　偶爾　有時　經常　總是

8.你因爲上網而影響日常生活嗎？

幾乎沒有　偶爾　有時　經常　總是

9.你是否擔心網上的隱私被人知道？

幾乎沒有　偶爾　有時　經常　總是

10.你會因爲心情不好而去上網嗎？

幾乎沒有　偶爾　有時　經常　總是

11.離線後，你會渴望下一次上網嗎？

幾乎沒有　偶爾　有時　經常　總是

12.如果無法上網，你會覺得生活空虛無聊嗎？

幾乎沒有　偶爾　有時　經常　總是

13.你會因爲別人打擾你上網而發脾氣嗎？

幾乎沒有　偶爾　有時　經常　總是

14.你會爲上網而徹夜不睡嗎？

幾乎沒有　偶爾　有時　經常　總是

15.你在離線後，還會想著網上的事情嗎？

幾乎沒有　偶爾　有時　經常　總是

16.你在上網時，會對自己說：「再玩一會。」嗎？

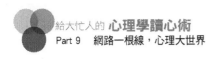

幾乎沒有　偶爾　有時　經常　總是

17.你會設法減少上網時間，但最終卻宣告失敗？

幾乎沒有　偶爾　有時　經常　總是

18.你會對人隱瞞實際掛在網上的時間嗎？

幾乎沒有　偶爾　有時　經常　總是

19.你寧願上網，卻不願意和朋友們出去玩嗎？

幾乎沒有　偶爾　有時　經常　總是

20.你會因爲不能上網，變得煩躁不安、喜怒無常，而一旦上網，上述情況就消失？

幾乎沒有　偶爾　有時　經常　總是

評分標準：

幾乎沒有爲一分，偶爾爲二分，有時爲三分，經常爲四分，總是爲五分，計算總分。

測試結果：

二十～四十分：正常區間。

四十～六十分：輕度網路依賴症。

六十～八十分：中度網路依賴症。

八十～一百分：重度網路依賴症。

Part 10

成長路上，把脈孩子的「心」

為人父母者都感歎：孩子臉，六月天，其實孩子的心也是如此。他們一會哭鬧，一會歡笑；時而任性，時而古靈精怪，家長心力交瘁，依舊不能改變孩子的行為。難道小小年紀的他們，也有所謂的心理問題？是的，人的心理是複雜而又微妙的，這一點，孩子也不例外。如果你想好好地走進孩子的內心世界，明白他們的喜怒哀樂，那麼下面的內容，對你將會有很大的幫助。

孩子任性是心理需求

女兒又哭又鬧，不管母親怎麼哄也無濟於事。即便爸爸說帶她去動物園，她仍然聽不進去，硬要媽媽陪她去。母親氣到不行，打了幾下女兒的屁股，還故意說：「再不聽話，媽媽不要你了！」女兒仍然哭鬧不休。母親無奈之下，只能順著女兒。她苦笑著說了一句：「你這孩子眞是任性。」

孩子任性，其實是一種心理需求的表現。孩子漸漸成長，逐漸接觸到更多的事物。對於這些事物，孩子尚未能如成人般有分析評估的能力，僅憑著自己的情緒與興趣來參與。當父母指出他們的行爲不當時，孩子便會變本加厲地釋放自己的情緒和興趣，以此達到「自我強調」的目的，這種現象被稱爲「獨立性萌芽期」。

獨立性萌芽期的重要表現，是孩子對自我認識的確定。比如孩子看到有人拿了個新玩具在把玩，他就希望得到同樣的玩具，但是家裡的玩具已經很多了，父母決定短時間內不再購買新的玩具，於是孩子就哭鬧了一整夜。看起來是孩子任性、無理取鬧，實則是在向父母提出自己想要參與決策。當這種心理沒能得到滿足時，孩子就用哭鬧喊叫來發洩自己的不滿情緒，不達到目的，絕不甘休。父母此時往往無計可施，這也加重獨立性萌芽期的發展。

面對孩子的這種反應，作爲父母，對孩子要表示關心，瞭解孩子這麼做的原因和想法，讓孩子意識到父母很重視自己，讓自己參與家庭生活，這樣，孩子的情緒會好得多。處於獨立性萌芽期的孩子，對一切事物都想發表意見，自己作主，這是件好事。面對這種情況時，作爲父母的不可包辦代替，也不能斷然拒絕，否則，孩子的任性就會越來越嚴重。

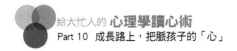

孩子青春期有戀物癖怎麼辦

以各種手段收集自己偏愛的、異性使用過的物品，如異性的內衣褲，或是穿戴的鞋襪，如果不拿到手，便會產生焦慮不安的情緒。隨著時間的推移，這種焦慮不安越發嚴重。這就是典型的戀物癖患者癥狀。

戀物癖患者最初的動機是「愛屋及烏」，即原本是對異性有好感，繼而對其使用過的物品也產生了興趣，希望據爲己有，由此表達對異性的愛慕。這種情況往往發生在性格內向、容易單相思的人身上。

戀物癖者以使用異性物品來表達自己的占有，比如摸、聞這些物品，一邊以各種方式達到性高潮。

戀物癖者在得到異性物品後，情緒興奮，但是這種興奮沒持續多久，就會被自責、悔恨、憂鬱、痛苦、自卑等心理占據，經常在這兩種心理衝突下煎熬，有改過之心，無改過之舉。

當心理醫生將寫著有關「戀物癖」表現特徵的表格交到小常手中後，十七歲的他，臉上淌滿汗水，心臟幾乎要跳出來，顫顫巍巍地將表格放到桌上，發抖著問心理醫生：「我真的戀物癖嗎？我只是喜歡那女孩，才從她書包裡偷來衛生棉。我只是一時衝動，算不上戀物癖吧？」小常不敢看心理醫生的臉。

「當時你是什麼感受？」

「拿到那女孩的衛生棉以後，就有一種說不出的快感，這種快感超出了我對那女孩的喜歡。我希望每晚枕著衛生棉入睡，它帶給我很多快樂。」

「你再參照這張表格看看，你的確患了戀物癖。」

「那我該怎麼辦？醫生……」小常無力地趴在桌上。

在對戀物癖的研究當中，專家發現有這樣一種現象，那就是患有戀物癖的，絕大多數是男性，而在男性當中，處於青春發育期的青少年占很大一部分。爲什麼會出現這種情況？

戀物癖是指經常反覆地收集異性使用過的物品，將此物品作爲性興奮與滿足的唯一手段的現象。伴隨著戀物癖的發生，還會出現窺淫行爲。

青少年在成長發育過程當中，因爲身體的變化以及對性知識的缺乏，加上在這時期普遍產生的對異性的好奇心，讓他們對與異性相關聯的物品，產生潛意識的興趣，導致相應行爲的發生。這種行爲，最初會與產生好奇或好感的異性相伴出現，到後來便會單獨對物品本身產生興趣，由此獲得快感。小常就是這樣。他最初偷衛生棉，是因爲喜歡那個女孩，漸漸的，小常對衛生棉本身的喜歡程度，遠超過對那個女孩，單單是手裡拿著衛生棉也能讓他產生興奮。就程度而言，這已經是戀物癖較爲嚴重的階段。

青春期出現戀物癖，對日後的健康成長，會產生非常嚴重的負面影響。長大成人後，他們在人際交往和自信心的建立上，都會受到阻礙，從而對外部世界產生抗拒，心情壓抑，繼而自怨自艾，對前途產生懷疑，失去動力，使自我價值大打折扣。因此，對處於青春期的孩子進行適當教育，就顯得格外重要，這樣才能防患未然。

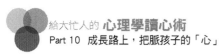

對於戀物癖的防治，首先要從幼兒期教育開始，重視環境對幼兒人格的影響；其次要在不同年齡階段，根據兒童與少年的心理特徵，進行必要的性教育，引導他們正確認識，兩性生理和心理的差異，消除對異性的過分神祕感。最重要的是，要鼓勵孩子努力學習，積極參加集體活動，培養良好的品格，這些都有助於預防戀物癖。

中學生為何有戀師情結

日本曾對大學生戀愛做過深入調查，結果發現，在所調查的大學生當中，將近70％的學生在中學時期，曾對異性老師，有過超出一般師生關係的戀慕心理，而在這70％的學生當中，有一半以上都是女生。女生容易對老師產生愛慕之情，可能是由於青春期的女孩，對情感的要求比較深刻和細膩，有高度的情緒易感性，渴望被人理解和保護有關。

學生傾慕老師，常被人們稱作有「戀師情結」。這與青少年在成長發育過程當中，性意識的逐步形成有密切關係。研究者從發展的角度，把青少年性意識的形成分爲四個階段，分別是：疏遠異性的反感期、牛犢戀時期、接近異性的狂熱期、正式的浪漫戀愛期。心理學家將進入性萌發期的青少年，對某一特定年長異性傾心和愛慕的情感，統稱爲「牛犢戀」。中學生的戀師情結，就是典型「牛犢戀」的表現形式。

戀師情結是人生發展過程中出現的正常現象。雖說是正常現象，但若處理不當，也對青少年成長造成負面影響。

研究發現，中學生迷戀的異性教師，往往是那些儀表、風度、談吐出眾，對學生傾注關愛，深受學生尊敬的人。在產生愛慕之情的同時，也會流露出「英雄崇拜」情結，驅使中學生產生自我完善的迫切意向，表現出較強的進取心和行動力。比如，有的學生希望將來也當老師，像自己愛慕的老師一樣，從事教育工作。從這一點來說，戀師情結具有積極的作用。

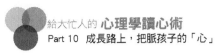

但另一方面，戀師情結也會使心理不成熟的中學生，產生自我封閉的傾向。由於傳統觀念的影響，人們對於年齡、能力、社會地位懸殊的戀情，常常持否定或唱衰態度，這種無形的壓力，迫使許多中學生將自己的情感深藏心底，或是被刻意壓抑、禁止。這種現象常常攪得他們焦慮不安，對中學生正常的學習生活以及心理健康造成危害。

那麼，家長、老師如果發現自己的孩子和學生有戀師情結時，應當怎樣處理呢？

首先要尊重學生情感。作爲父母和老師，要充分理解學生的這種正常情感形式，以個別輔導爲主，注意保護學生的隱私和自尊心。同時，要把正面教育與暗示性引導巧妙結合，幫助青少年正確認識和理智處理自己的情感。其次，要提高學生的自我評價。青少年往往看重他人對自身的評價，而忽略自己的感受，結果導致認知偏差和錯覺。教師要多鼓勵那些心智尙未成熟、社會閱歷尙淺的青少年，多加關注自己、了解自己，防止他們誤把某些品德不良的年長異性，當做「英雄」崇拜迷戀，甚至上當受騙，造成不良後果。

孩子「家裡橫」的心理障礙

孩子在家裡脾氣暴躁，愛打人，父母勸誡也不聽，有時氣不過便動手懲罰，可是父母越打，他的脾氣就越倔，絲毫不低頭。一到了外面，卻很聽話、很乖巧，有的甚至是不聲不響，表現得有些懦弱，一副受欺負的樣子。人們把這種孩子的表現稱爲「家裡霸王，外頭綿羊」。

爲什麼會出現這種現象？這其實是孩子在成長過程中常見的一種心理現象，那就是「自我疑慮」。自我疑慮是「自我力量不足」的反映。心理學家認爲，由於對家庭環境和父母的熟悉，孩子一般會放下防備心理，呈現出放鬆、自娛的狀態，這種狀態是以波浪形的方式，上下浮動表現出的。比如任性、撒嬌，在家中無拘無束地表現對父母的親密感，只是由於其心智的不成熟，所以行爲上常常容易以極端的方式表達。

孩子走出家門以後，由於對外部環境感到陌生，很難在短時間內對外部事物做出反應，不知道該怎樣去處理突發事件。在這種情形下，在家裡「橫」的孩子，便收斂、畏懼起來，只想躲在父母身後，尋求強大力量的保護。漸漸的，孩子便不喜歡也不擅長與外界打交道，而習慣性地窩在家中，導致「家裡橫」愈發嚴重。

這種情況在父母的努力下，其實是可以改變的。

對孩子不要溺愛，溺愛會讓孩子以自我爲中心，變得自大、自私和任性，目中無人。對孩子也不要過度保護，訓練其主動、自我管理，孩子進步應當及時誇獎，以建立起孩子的信心，加強其自我能力的認同。另外，讓孩子多接觸同齡朋友，使其有自己的社交圈，減少孩子的依賴性。

小心孩子得「開學恐懼症」

每次開學前，孩子是不是總會發一次高燒，吃藥打針都不見效，可開學典禮一過，他的身體就好了？

每次開學前，孩子是不是總是吃不下飯、睡不好覺，有時候還會做噩夢，但是開學幾天後，這些症狀都陸續消失了？

每次開學前，孩子是不是總會抱怨，學校生活無聊枯燥，除了上課就是考試，還不如放假來得輕鬆有趣？

……

孩子們在開學前的種種反常現象，當然不只這些，很多顯然都是「裝出來」的。這些表現，其實是「開學恐懼症」的心理在作祟。

放假使得孩子的作息和生活，有了不算短期的改變，心理狀態也隨之移轉。有別於上學時的按表操課，放假時，孩子常常看電視或上網到很晚，隔天又貪睡賴床，幾番循環下，身心形成「停滯效應」。這種停滯效應會讓孩子產生幻覺，感覺時間永遠停留在一個點上，即假期會一直持續下去。是以對外部變化缺乏敏感度，開學後，很難回歸正常學習軌道。這是「開學恐懼症」產生的主要原因。

如何解決孩子的「開學恐懼症」？不同階段的孩子有不同的方法。

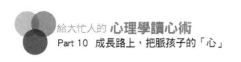

對於小學生來說，家長可以提前安排孩子做收心操，這對寄宿的孩子來說尤爲重要。但要注意宜適時適度、循序漸進，以免造成孩子反彈、弄巧成拙。

對於初中生來說，由於學習內容和節奏與小學大不相同，面對新環境、新變化，這時候就需要主動適應，事先做好準備與心理調適，使自己儘快融入團體，多交一些朋友。

對於高中生來說，由於課業壓力大，人際關係也日趨複雜，容易感到孤獨和失落。學校可安排一些抗壓或心理輔導課程，幫助他們對新的學習生活做好各種準備。

心理小遊戲

青少年叛逆心理測試

隨著身體的成長，青少年的心理也發生急劇的變化，可以說是心理極不穩定的時期，脾氣暴躁，愛跟父母唱反調，做出一些反常的舉動，這種行爲常被稱爲叛逆。下面的測試，能夠讓你瞭解自己的叛逆指數。現在開始吧！

1. 你不喜歡按別人說的方式去做事？
2. 你是否認爲，絕大多數規章制度都是不合理的，應該廢除？
3. 如果父母再次叮囑同一件事，你會感到厭煩嗎？
4. 你欣賞反抗老師的同學嗎？
5. 你經常思索事情的反面嗎？
6. 你是否覺得，班級幹部發號施令很討厭，所以故意愛理不理？
7. 老師和父母越是要你用功讀書，你越是不肯照著做？
8. 你認爲，老師的話很多都是有漏洞、有問題的嗎？
9. 你喜歡與眾不同嗎？
10. 違反學校的某些規定使你感到快樂嗎？
11. 別人的批評常常引起你的反感和憤怒嗎？

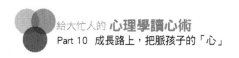

12.你是否認爲老師有很多缺點和錯誤？
13.對別人不敢幹的事，你特別想嘗試一下嗎？
14.你是否覺得父母和老師不應爲一些小事大驚小怪、小題大做？
15.你蔑視權威嗎？
16.你喜歡參與一些使被捉弄者痛苦或憤怒的惡作劇嗎？
17.你是否認爲冒險是一種極大的快樂？
18.你習慣上總是按照大多數人說的方式去做事？
19.感到沒意思的事，別人怎麼說，你也不會好好做？
20.你特別愛做令人大吃一驚的事嗎？
21.人們對你很不重視嗎？
22.一旦決定要做某事，不管別人指出這件事多麼不合理，你也不會改變主意？
23.你總是對老師表揚的同學反感，不想理那人嗎？
24.你喜歡做能引起很多人注意的事嗎？
25.當你被別人批評而火冒三丈時，你就會偏不照他說的去做嗎？
26.你討厭那些當幹部的同學嗎？
27.你認爲上課時，出現一些老師沒有意料到的情況，是令人開心的？
28.對傷了你自尊心的人，你是否要回敬他一些麻煩，讓他感到你是不好惹的？
29.越是被禁止的東西，你越想設法得到嗎？

評分標準：

除第19題答「是」記零分，答「否」記一分外，其餘各題答「是」記一分，答「否」：記零分。各題得分相加，統計總分。

測試結果：

總分在零～九分之間的孩子，叛逆心理很弱。只喜歡做該做的事，不去做不該做的事。

總分在十～二十分之間的孩子，有某程度上的叛逆。激動時可能喪失理智，意氣用事，有時會做一些不該做的傻事。

總分在二十一～二十九分之間的孩子，有相當嚴重的叛逆心理。所思所為總是與眾不同，遭來非議。如果不清楚地意識到此一問題，不努力加以克服，將成為一個不受歡迎的孤獨者。

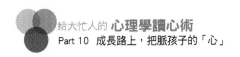

Part 11

商道，
摸清經營者的心理脈絡

為什麼現在的商場、超市，有那麼多的促銷活動？打折、優惠、搶購、試用，難道商家是在賠錢賺吆喝嗎？其實，這是經營者摸透消費者的心理，設計出的一連串吸引顧客上門的方式。商場和生活一樣，沒有白吃的午餐，更不會有天上掉下來的禮物。作為顧客，只有摸透經營者的心思，我們在消費時，才不至於霧裡看花。

商家為何愛用「限時限量搶購」

「親愛的顧客，從現在起一個小時內，套餐買一送一，炸雞一份特價二十九元，數量有限，售完爲止。」

「今日上午十點至下午三點爲止，本店所有商品一律六折！好康僅此一次，要買要快！」

「新品上市，保證全臺最底價，買貴全額退，欲購從速！」

「特價高檔手機，每日限售十支，錯過可惜。」

這種以高音大喇叭反覆播放的吆喝聲，你可能再熟悉不過！菜市場、大賣場，或是7-11，每時每刻不絕於耳，不停撩撥著消費者。從「數量有限」、「限時特賣」等話語中，消費者感知到商品有限，動作慢了，要買也沒有了。於是，他們紛紛掏出錢包搶購商品，自己心裡得到滿足，商家也賺到錢。

現在早已經不是物資短缺的年代了，爲什麼商家還盛行這一套呢？自己爲什麼會「乖乖上鉤」？其實這是商家運用了人們的「短缺心理」。短缺心理會使人們生起「機會越少，價值越高」的認知。

害怕失去某種東西的想法，往往比希望得到同等價值東西的想法，對人們的激勵作用更大，因此，在受到「你現在不來買，就沒有下次」類似這樣的信號的誘導下，會面臨即將失去某種東西的「威脅」，這種「威脅」容易激發一定要得到它的欲望，促使「需要」變成「必須要」。

面對商家的「花招」，作爲消費者，對商家的行銷招數，首先要有基本的瞭解，做好充分的心理準備。有了準備，才能有所防範，才不會被「吃得死死的」。其次，人在瘋狂搶購時，往往失去理智，結果買回來的並不是自己想要的。因此，消費者要增強自己的購物常識，避免因爲所謂「限時搶購」而買了自己不需要的東西。

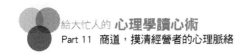

試喝一小杯，買了一大桶的心理成因

在試用櫃檯前，顧客喝了一口銷售小姐遞來的試飲品，銷售小姐問顧客味道如何。顧客其實覺得跟同類飲品沒有什麼分別，但既然已經喝了，如果不買幾瓶回去，會有點不好意思，於是便掏錢買了原本不怎麼想買的東西。

拎著飲品，顧客來到化妝品櫃檯，專櫃小姐說現在在做新品促銷，可免費試用面膜，於是顧客就跟著做了一次面膜。專櫃小姐問起感受如何，顧客覺得還好，但是家中已經有一大堆，還沒有用完，不是很想買，可看著那塊被試用過的面膜，又覺得應該表示一下，於是又掏出了錢包。

許多人可能都遇過這種情況。當然，這並不代表沒有判斷能力，而是因爲商家抓住消費者的心理，即是「互惠原理」。

簡單地說，互惠原理就是指人們對他人的某種行爲，會以一種類似的行爲回報。在日常生活中，我們經常遇到這類現象，比如別人送我們一份禮物，我們就想還禮，並且還的禮，價值要高於收到的禮，這樣心裡才能安穩。比如別人想要你幫忙時，會請你吃個飯，對你來說，就不可能對他人的請求無動於衷。如果你對別人的行爲不做出回應，內心便會產生一種罪惡感。

正是看透消費者此一心理，商家才會在試用、試吃、試穿等方面大下工夫。他們知道，現在的免費付出，很快就會得到豐厚回報，這才是商家的最終目的。在互惠原理的支配下，消費者買的不是商品本身，而是爲了「還債」。其實，很多消費者都明白商家的伎倆，但是所謂「吃人家的嘴軟，拿人家的手短」，不管消費者本身多麼不願意去迎合商家的這種促銷手段，還是會報以相應的行爲，他們不想讓別人認爲自己是個愛占便宜的人。

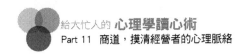

商場打折卡讓誰受了益

準備外出購物的時候，你心裡會想些什麼呢？假如猜得沒錯的話，在眾多的想法當中，有一項是不會被你遺漏的——最好在每次購物的時候，都能以最少的代價，獲得最大的回報。

這種想法就是人們投機心理的顯現。投機心理是人們趨利避害本能的綜合體現，是潛藏於每個人內心，又時常體現在外部行動中的，最常見的心理狀態之一。

我們經常在一些商場或超市，收到店家提供的打折卡，說是有了這卡，便能在一個月內，享受全場商品七折的優惠。看到你有些猶豫，店家還會補充：持卡只要加一百元，就能成為該店的終生會員，享受所有商品五折的低價。

這樣的價格，這樣的優惠，對任何人來說都充滿誘惑。這家商場或超市，可能離你家很遠，你只是偶爾才來一次，也許你只是陪朋友來逛街，無意中走進這家超市，本無購物需要，但是當這些誘惑擺到你的面前時，你多少會有些心動，畢竟這樣低廉的價格，是你不曾想到的，而且一百元也不多，要知道，那可是終生會員、五折低價，到哪裡去找！

每個人都有投機心理，想以最少的代價，獲得最大的回報，正是在這種心理的驅使下，你收下打折卡，成為這家店的會員。但是，晚上回到家，冷靜下來，可能就會後悔，覺得自己做了一件蠢事。你發現手中的打折卡，對自己並沒有太大的意義，早上去的那個商場或超市，可能以後都不會再去，所謂打折，並沒有使自己得到什麼優惠，反而使你為這張打折卡，也可能是加值了一百元的打折卡煩惱不已。你會想，難道我天天跑那麼遠去那裡買東西？

聰明的商家當然明白箇中道理，向顧客發送打折卡，以低價來吸引消費者購買，似乎是「賠本賺吆喝」，實際上，卻是以這種方式，巧妙地將顧客牢牢地把控在自己手中。消費者總是想少付出多收穫，但是在不知不覺中，商家用小小的打折卡，就籠絡了消費者的心。這就是投機心理對消費者潛移默化的影響。

表面上看來，打折卡是商家讓利給消費者，其實是吸引顧客多去光顧商家，讓商家賺取更多的利潤。這種方式含蓄而不張揚，往往讓消費者在付出錢後，還覺得自己占了便宜。

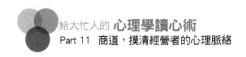

心理小遊戲

你具備親和力嗎？

親和力是一個領導者必備的特質，是上級和部屬之間的黏合劑。想讓部屬認同你、追隨你，就要具備親和力。要想知道你是否具備親和力，趕緊來測試一下吧！

1.近期工作很多，你的部屬卻在此時提出請假，而且是因爲私人的事情（對他來說很重要），你會怎麼做呢？

A.由於太忙，不予批准

B.告訴他你很想成全他，但現在實在是太忙了

C.給他時間，讓他安心處理好事情，盡可能地給予幫助

2.假如你是剛上任的部門經理，你會怎樣處理與部屬的關係？

A.公是公、私是私，不與部屬有過多私人往來

B.新官上任三把火，對部屬嚴格要求，建立自己的威信

C.主動與部屬交朋友，參加團體活動

3.作爲經理，在推動重要計畫之前，你認爲：

A.先取得部屬的贊同

B.自己要有魄力決定一切

C.由部屬決定一切

4.你對管理部屬的看法是：

A.對能力較差的部屬應多監督

B.親近能力較強的部屬

C.以平等的態度，對待每一名部屬

5.如果你是位經理，你的部屬生病請假了，你會怎麼做呢？

A.利用下班時間去探視、照顧他，希望他早日康復

B.打個電話問候一下

C.一聽說他生病了，馬上去看他

6.你是位經理，一位部屬向你提出有關提高效率的建議，他的建議是你過去已想過並打算實施的，那麼，下面哪種方法較好？

A.告訴他眞實的想法，但也對他給予充分的肯定

B.閉口不提以前的想法，只讚揚他的合作精神

C.告訴他這是自己早就想到的，並且正準備實施

7.你是位經理，你的下屬在工作中出了錯誤，給公司帶來很大的損失，公司高層準備嚴懲處理，此時，你會怎麼做？

A.讓部屬知曉事情的嚴重性，讓他自我檢討

B.安慰犯錯的部屬，告訴他誰都可能犯錯

C.與部屬一起思過，主動與部屬一起承擔責任

8.你希望一位執拗的同事，按你的建議去做，應怎麼辦？

A.儘量使他明白到，建議中至少有一部分出自他的想法

B.儘量找出他建議中的問題，讓他主動放棄

C.說出自己建議的優點，讓他接受

9.假設你是鞋店老闆，有位女士來買鞋，由於她右腳略大於左腳，總也找不到她能穿的鞋，你覺得應該如何表示？

A.「女士，你的右腳比左腳大。」

B.「女士，你的左腳比右腳小。」

C.「女士，你的兩隻腳不一樣大。」

10.關於對部屬讚揚和批評的拿捏，你的看法是：

A.對犯錯的部屬要嚴厲批評，以免重蹈覆轍

B.經常讚美部屬，使他們積極工作

C.慎用讚美，以免部屬過於驕傲自滿

參考答案：

1. C　2. C　3. A　4. C　5. B　6. A　7. C　8. A　9. B　10. B

測試結果：

答對六題以下：說明你的親和力較差。你缺乏領導者的特質，要在生活中、工作中，多多培養自己的親和力。與人爲善、平易近人，應是你的座右銘。

答對六～八題：說明你的親和力一般。你也許能成爲領導者，可還有進步空間。不必氣餒，在工作中，你應與同事打成一片，和他們建立深厚的友誼，如此一來，誰能說你不具備親和力呢？

答對八題以上：說明你具有較強的親和力。如果你成爲管理者，你會注意與部屬往來時的話語。你關心部屬、勇於承擔責任，你與員工之間，有著濃厚的情誼，在你的領導下，團隊內部氣氛和諧。可以說，你會是一位受部屬愛戴、敬仰的，平易近人的領導者。

Part 12

心理治療

心理療法如同心靈世界的一把手術刀，化各種疑難雜症於無形，它最奇特的地方在於穿透肉體，優游於精神領域，以神奇的能量為心理排毒。

什麼是心理治療

心理治療又稱精神治療，是指運用心理學的理論與方法，治療病人心理疾病的過程。心理治療與精神刺激是相對立的，精神刺激是用語言、表情、動作，給人造成精神上的打擊、精神上的創傷和不良的情緒反應；心理治療則相反，是用語言、表情、動作和行爲，在心理上向對方施加影響，解決心理上的矛盾，達到治療疾病的目的。因此，從廣義上來講，心理治療就是通過各種方法，運用語言和非語言的交流方式，影響對方的心理狀態，透過解釋、說明、支持、同情、相互之間的理解，來改變對方的認知、信念、情感、態度、行爲等，達到排憂解難、降低心理痛苦的目的。從這個意義上說，人類所具有的一切親密關係，都能起到「心理治療作用」。理解、同情、支持等心理反應，就是生活中最值得請益的心理醫生。

由此可見，廣義的心理治療，泛指一切影響人的心理狀態、改變行爲的方式和方法。父母與子女之間、夫妻之間、同學同事之間、鄰里之間、親朋好友間的互動、相處、分享等，眞摯的交往與溝通，都具有心理影響和心理治療作用。狹義的心理治療，則是在心理治療關係的基礎上，由經過專門訓練的施治者，運用心理治療的有關理論和技術協助求治者，以消除或緩解求治者的心理問題或人格障礙，促使其向健康、協調發展的過程。

東漢時代，某地有一太守，因憂思鬱結患病，久治無效，後請名醫華佗診治。華佗得知太守的病情後，開具一奇妙的「處方」：他故意收取了太守的許多珍寶後不辭而別，僅留下一封諷刺譏誚太守的信箚。太守聞訊勃然大怒，命人追殺之，但華佗早已遠去。於是，太守愈加憤怒，氣得吐出許多黑血。豈料黑血一吐，多年的頑疾竟也隨之痊癒。

華佗運用心理治療，以「怒勝憂思」之術，治好太守的「心病」與「身病」。可見得心理治療在中國古代就已被巧妙運用，且堪具療效。

我們知道，心理治療的方法是多樣的，但目的都在解決患者所面臨的心理問題與障礙，減輕其焦慮、憂鬱、恐慌等精神症狀，改善病人的不適應性行爲，包括對人、事的看法，從而促進其人格成熟，以適當的方式來處理心理問題，適應生活。因爲心理治療的過程，主要是依靠心理學的方法來進行的，與生理治療或其他物理療法不同，故名之心理治療。

英國心理學家艾森克，歸納出心理治療的幾個主要特徵：

1.心理治療是一種兩人或多人之間的、持續的人際關係。
2.參與心理治療的其中一方，具有特殊經驗，並接受過專業訓練。
3.心理治療的其中一個或多個參與者，是因爲對自己的情緒或人際適應感覺不滿意，而加入這種關係的。
4.在心理治療過程中應用的主要方法，遵循心理學原理，包括溝通、暗示，以及說明等機制。
5.心理治療的方式，是根據心理障礙的一般理論，和求治者本身的障礙的特殊起因建立起來的。
6.心理治療的目的，在於改善求治者的心理困難，而求治者乃因本身的心理困難，前來尋求施治者予以幫助。

心理治療被普遍認同，也經證實是具有功效的醫治疾病的方法。利用影響患者的心理活動，可以矯正一些異常行爲，比如精神失常、犯罪行爲、不守紀律、學習障礙，甚至說謊、口吃、遺尿（尿床）、吮指等怪癖惡習，因此也被廣泛應用，並且逐漸發展出多樣的心理治療模式，比如音樂治療、催眠暗示、生物回饋、行爲矯正等等。

當我們運用各種心理治療時，應該注意的是，「心理」並不是單一式的、對症下藥式的「對症治療」，而是各種因素、層面配合起來的綜合治療。因爲心理治療的總目標，是改變一個人造成病態心理的人格。

很多患有心理疾病的人，往往是由於從幼年起，在人格發展上遭遇阻礙，無法適應周圍環境，由此引起各種精神上的症狀和反常行爲，而這些症狀和行爲，又都不是生理上的病變，而是人格缺陷所造成的。心理治療的任務，就是設法彌補缺陷，使其人格不斷充實、豐富和完善。

當然，心理治療絕不是「萬能」的。心理治療曾一度被誤解爲唯心的，甚至被歪曲爲「掛著科學招牌的迷信」，究其主因，乃是把心理治療的作用、療效說得過頭，弄得神乎其神、不切實際。

在運用心理治療進行自我治療時，應當注意下面幾個問題：

1.要對心理治療充滿信心。你可以先不去考慮療效究竟如何，但要確信嘗試有益無害，這樣的自我暗示作用，本身就是心理治療。

2.要持之以恆，不要因為立竿見影效而停止，也不要因為尚未明朗就中斷。堅持可以磨鍊你的意志，它本身也是心理治療。

3.如果某一方法收效不大，或看不出什麼顯著的效果，不妨改用另一種方法，也可以幾種方法交替作用，或者同時使用。

如果你扮演「醫生」的角色，對你的朋友、夥伴、親人進行心理治療時，你就要讓對方對你產生信任感、親切感和安全感。首先應該設法使他們增強治癒的信心和決心，對他們多加體貼和鼓勵，進行雙向溝通交流。俗話說：「心病還須心藥醫。」對於心理疾病患者，除了適當用藥之外，還要做好心理建設，幫助他們用自己的意志和理智去戰勝疾病。無論是談話，還是幫助他們採用一些具體的心理治療，從語言到表情，都要避免種種不良的暗示。既不能急於求成，也不要厭煩、灰心喪氣，只有這樣，才能收到理想的治療效果。

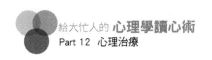

心理治療的原則

不論進行何種形式的心理治療，都必須遵循以下原則：

1.接受性原則

醫生對所有求治的患者，不論心理疾患的輕重、年齡的大小、地位的高低、初診再診，都應一視同仁，誠心接待，耐心傾聽，由衷疏導，全心診治。在完成患者的病史收集、必要的體格檢查和心理測定，明確論斷後，即可對其進行心理治療。醫生應持理解、關心態度，認眞聽取患者的闡述，以瞭解病情經過，聽取患者的意見、想法和內在感受。如果醫生不認眞傾聽，表現得不耐煩，武斷地打斷患者的談話，輕率地解釋或持懷疑態度，就會造成患者的不信任，這樣必然導致治療失敗。

另一方面，醫生不能機械地、無任何反應地，被動聽取患者的闡述，必須深入瞭解他們的內心世界，注意其言談和態度所表達的心理癥結是什麼。該原則又可稱爲「傾訴」或「順聽」原則。認眞傾聽患者的闡述，其本身就具有治療作用。某些患者在對醫生產生信任感後，會全部傾訴出自己壓抑已久的心聲，甚至會痛哭流涕地發洩悲痛，助使其情緒安定舒暢，心理障礙也會明顯排除，故接受性原則具有「宣洩療法」的治療效果。

2.信任原則

這是心理治療的重要條件。患者要信任醫生，在此基礎上，才能不斷接受醫生提供的各種資訊，逐步建立治療動機，毫無保留地吐露個人心理問題的細節，爲醫生的準確診斷及設計和修正治療方案，提供可靠的依據，同時，醫生向患者提出的各種治療要求，也能得到遵守和認眞執行。另一方面，要求醫生自始至終對患者保持尊重、同情、關心、支持的態度，與患者保持密切的聯繫，積極主動地與其建立相互信賴的關係。在心理治療過程中，建立良好的醫患關係，其主要權責在醫師身上，這是檢驗一個心理治療師是否成熟、稱職的重要條件。

3. 保密原則

心理治療往往涉及患者的各種隱私，爲保證材料的眞實性，保證患者得到正確及時的指導，同時也爲維護心理治療本身的聲譽及權威性，必須在心理治療工作中，堅持保密的原則。醫生不得將患者的資料公佈於眾，即使在學術交流中藉以個案探討時，也應以匿名等方式處理，以保護案主。

4. 計畫原則

實施某種心理治療之前，應根據收集到的有關患者的詳細、具體的資料，事先設計治療方式，包括作法、時間、作業、療程、目標等，預測治療中可能出現的變化及準備採取的對策。在治療過程中，應詳細記錄各種變化，形成完整的個案資料。

5. 針對性原則

雖然許多心理治療方法的適用範圍認定，不像某些藥物和手術那麼嚴格，但各種心理療法仍各有一定的適應症，特別是行爲療法。因此，在決定是否採用心理治療及採用何種方法時，應根據患者的具體問題，以及醫師的專業、診間條件等，有針對性地選擇一種或幾種方法。針對性是獲得療效的首要條件。

6.綜合原則

疾病是各種生理、心理與社會因素相互作用的結果，因而在決定對某一疾病採用某一治療方法的同時，必須綜合考慮利用其他各種可利用的方法和手段。例如，對高血壓、癌症等疾病進行心理或行爲治療，應不排除使用特定的藥物或物理治療。此外，各種心理治療方法的綜合使用，也有助於獲得良好的療效。

7.支持性原則

在充分瞭解患者心理疾病的來龍去脈，並加診斷、分析之後，醫師透過言語與其他形式的資訊交流，予以患者精神上的支持和鼓勵，使其建立起治癒的信心。一般在掌握患者的第一手資料之後，即可進行心理治療。對患者所患的心理疾病或心理障礙，從醫學科學的角度，加以解釋、說明，並指出正確的解決方式，在心理上給患者鼓勵和支持。要反覆強調疾病的可逆性（功能性質）和可治性（一定會治癒），這對悲觀消極、久治未癒的患者，尤爲重要。反覆地支持和鼓勵，可防止患者發生消極言行，促進心理防衛機制和主觀能動性；對強烈焦慮不安者，可使其情緒變得平穩安定，以加速康復。在使用支援治療時應注意：支持必須有科學依據，不能信口胡言；支持時的語調，要堅定慎重、親切可信、充滿信心，充分發揮語言的情感交流和情緒感染作用，使患者感受到強大的心理支持力量。

8.保證性原則

透過對症下「藥」，分析診斷，讓患者的心理癥結及痛苦水落石出，以促進其人格健康發展、日臻成熟為務。在過程中，應逐步對求治者心理缺陷的病理機制加以說明、解釋和保證，同時輔以藥物等其他身心綜合防治措施，促使疾病向良性轉化。同時，應經常聽取患者的意見、感受和治療後的反應，充分運用心理治療的人際溝通和心理相容原理，在心理上予以保證，逐步解決患者的具體心理問題，正確引導和處理其心理矛盾，以進一步提高治療效果。

9.靈活的原則

從某種現象上說，心理現象較之生物現象更具複雜性。患者的心理活動，受多重內外因素的影響，不但不同患者之間心理活動有著很大的差異，同一患者在不同階段的心理變化，也往往難以預測。因此，在診療過程中，醫師應密切注意患者的身心變化過程，不放過任何一絲線索，隨時因應需求，調整治療方式。此外，也要注意各種社會文化和自然環境因素，對治療過程所產生的影響，包括文化傳統、風俗習慣、道德觀念、文化程度、經濟地位等。

10.「中立」的原則

心理治療的目的是幫助患者自我成長，醫師不是「救世主」，因此在心理治療過程中，不能替患者做任何選擇，而應保持某種程度的中立。特別是在聽聞「我該與誰結婚」、「我應該離婚嗎」類似的問題，要讓患者自己做出決定。

11.迴避的原則

心理治療中會觸及個人隱私，交談是十分深入的，因此不易在熟人之間做此項工作。親人與熟人均應在治療中迴避。

哪些問題需要心理治療

心理治療是運用心理理論與方法，治療患者心理疾病和心理障礙的過程。也就是說，心理疾病與心理障礙，是心理治療要處理的問題。那麼，什麼是心理疾病與心理障礙呢？

首先是精神問題。從精神不佳到精神崩潰，均屬心理問題。有精神疾病的人，其人格和精神失去統一協調的效能，與外界現實無法正常接觸，出現幻覺、妄想等症狀，並且其思考、情感、行爲亦有顯著障礙，無法順利地進行日常生活。患者形於外的行爲，可能過度興奮，說個不停；或者極端憂鬱，想自殘自盡；或者行爲奇異，語無倫次等。一個人有嚴重的精神疾病時，其主要治療方法在於使用藥物治療，對其給予安慰、支持、限制等心理輔導治療，也是必不可少的。

其次是神經官能症。這種情況的患者並沒有精神崩潰的現象，與外界現實環境的接觸狀態尙好，只是在心理上或情緒上有所困擾與不適，覺得需要進行心理治療來消除痛苦。這種較輕微的心理疾病，很多人都有，這就是所謂的日常心理毛病。受焦慮不安、鬱悶不樂、氣憤難耐等情緒所擾，雖然還可以過日常生活，但因情緒不穩定，難免對生活造成影響。

有時，心理上有無法言表的癥結，引起煩惱、憂鬱、害怕，或者有不易解決和處理的內心問題，或總面對人際關係不佳的困境等，均屬此類。例如，無法獨立選擇以決定自己的志向，談感情缺乏經驗與信心，不懂得如何與配偶和子女相處，不知如何擺脫離婚、喪偶的痛苦等。這一類情緒不適或心理困擾，藥物治療雖有所幫助，但心理治療有效得多。

最後是「純粹」的心理問題。個人有個人的心事，不論生活或工作，常面對許多棘手的問題。例如，有的男性對自己沒有信心，出差時總擔心太太會做出越軌的事來，成天疑神疑鬼，以致渾身不對勁，常常「無病呻吟」，甚至天天鎮守在家看管妻子。有位官員一直勤奮工作，希望自己能官運亨通，可升爲主管後，又整日恐慌得不知所措；還有位小姐很渴望結婚成家，卻與有婦之夫發生不倫戀，不知如何是好；某個十五歲的男孩，偶然看了A片，此後深陷其中，腦海裡總想著男女之事，對學業也變得心不在焉，明知道這樣不好，但無法自拔，十分苦惱。

上例這些人，都一些心理癥結，有某種心理困難，卻又不知如何才能解決。這種情況，並不是安慰或勸說就可以改善的，也不是算命或者休養一段時間，就能獲得解答，需要仔細剖析心理的癥結，研究潛意識的動機，只有找到問題根源，才能徹底醫治。這類心理癥結，也是心理治療要處理的問題。

還有一種情況是，雖有某種心理問題，但患者並沒有感到不適，而在行爲或性格上卻有著缺陷，影響到對生活的適應力。有的孩子一不高興，就想翹課；有的年輕人一受刺激，就蓄意惹麻煩，找人打架；有的人不善交際，只喜歡躲在自己的世界裡。這些行爲都反映出其些層面的心理問題。

另外，有些人如果不按照自己定的模式吃飯、睡覺、娛樂，就無法生活；或每天只想發財、成功、有成就，時時刻刻精神都繃得很緊，強使自己振作，唯追求成功和掌聲是務；相反，有的人事事都缺乏信心，還沒動手做就先擔心失敗，以致最後什麼都不敢做、什麼也做不成。這些行爲和心理上的缺陷，雖非朝夕之功就能改變，但透過心理治療，是可以慢慢獲得改善的。

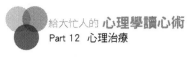

心理治療的目標

一般而言，有效的心理治療應該達到以下目標：

1.解除患者的症狀

精神與身體不適或心理問題，都會妨礙自身的社會適應力，造成心理上的痛苦，是以心理治療的主要目的，是解除患者在心理或精神上的痛苦，或幫助患者解決自身無法解決的心理衝突。例如，用心理治療方法（系統脫敏療法、滿灌療法、厭惡療法等），矯正患者的恐懼、焦慮心理等。

2.提供心理支援

在急慢性刺激狀態下，患者因應付不了或忍受不了危機的環境，而產生心理疾病或障礙。心理治療可以幫助他們增加對環境的耐受性，降低易感性，提高心理承受力，增強應付環境和適應環境的能力，使之能自如地順應和適應社會。這方面的心理治療技術，有危機干預、刺激應付、刺激免疫訓練等。

3.重塑人格

這一點尤其被內省性心理治療原則（如認知療法、精神分析等）所強調，它認爲人類的心理疾病和心理障礙，乃因人格不成熟所致，所以，只有重塑人格系統，才能根治病態心理和不良行爲方式。治療的內容包括：幫助患者理解自己、分析自己情緒衝突的原因，獲得內省能力，以瞭解意識和潛意識的內容。

治療方法可分爲兩大類：一類爲指導性的，一類爲表達性的。前者是針對患者的心理問題，由醫生進行勸告、建議、指導、解釋。後者又稱非指導性的。在表達性的心理治療過程中，患者處於主導和中心地位，醫生以傾聽爲主，居被動地位，但應努力營造良好的氣氛，使患者在講述自己的心理問題的過程中，完成自我理解，達到自己解決問題的目的。總之，無論採取哪種方法，醫生期望達到的，仍是重塑患者成熟的人格。

心理治療的分類

心理治療的種類和實行方式林林總總，依據不同的標準，可分爲不同的種類。

1.根據溝通方式，心理治療可分爲集體心理治療和個別心理治療。

(1) 集體心理治療

集體心理治療於西方國家較爲盛行，主要是以講座、座談、討論和示範方式，使患者了解所患疾病的性質，掌握疾病的規律，端正態度，建立自信，解決矛盾和困難，主動迎戰病魔。針對有相似疾病的患者，一般以十～十五人爲一組，醫生首先說明集體心理治療的目的和意義、方法和內容，接著鼓勵患者展開討論，交流各自參加集體心理治療的動機和需求。醫生充分聽取眾人的意見，再擬定治療方向和講授內容。然後，醫生深入淺出地講解疾病的成因，以及症狀、發展等，使其對自身情況和所患疾病加深認識。透過小組討論，彼此啓發，自我教育，從而消除疑慮，振奮士氣，加強戰勝疾病的信心和決心，使症狀得以改善。

最後，醫生指導患者如何處理矛盾、面對挫折、克服個性缺陷、釐清錯誤觀念等，鼓勵患者多參加外部活動，使生活規律化，以恢復身心健康。集體心理治療可以發揮團體在人際關係中的積極作用，對加深認知和消除疑慮與偏見、提高患者的社會適應能力，都有良好的作用。

(2) 個別心理治療

個別心理治療主要是以醫生和患者的個別交談方式進行，這種方法被普遍應用。個別心理治療的理論和方法，起源於精神分析法。談話過程中，常以醫生爲主，有時也以患者爲主。談話的目的，是幫助患者認識病源起因，瞭解病理脈絡，建議防治方法。談話不可拘泥於形式，一般從讓患者闡述病情和症狀開始，逐步深入家庭、個人生活經歷、個性特徵、婚姻戀愛問題，說出內心深處的矛盾衝突，以及和疾病有關的因素、病後的苦惱和焦慮不安等。

醫生聽取患者的陳述後，可以分析患者的主要癥結，有憑有據地發表意見。需要注意的是，發表意見時，要避免與患者發生爭執。若患者一時不能接受，可以暫時擱置某個話題。對患者較爲敏感的問題，不用急於探究，應尋找適當的機會或旁敲側擊地進行瞭解。在這個過程中時常會遇到，包括患者在內的阻力，有些患者甚至拒絕治療，因此每次治療，要多著力於交談技巧，讓患者體會到，藉由這樣的交談，將使之受益匪淺。此法優點是醫生對患者的病情，有較深入的瞭解，又便於取得患者的信任和密切配合；缺點是不夠系統，由於醫生的經驗、技巧，以及和患者的關係等條件不夠完善，治療效果可能很不一致。

2.根據治療的媒介，心理治療可以分爲言語心理治療、非言語心理治療和行爲治療。

（1）言語心理治療

言語心理治療是透過醫患雙方言語交流，使患者的認知、情感和思想產生變化，精神層面煥然一新，從而直接或間接取得療效的形式。如精神支持療法，採取以言語交流爲主要手段，對患者進行疏導、解釋、勸說、保證、訓練等，幫助患者認識自身的問題。心理分析療法、個人中心療法，都屬於言語治療。

（2）非言語心理治療

非言語心理治療，是以形象或抽象等非言語的形式，幫助患者處理緊張、焦慮、抑鬱等情緒所帶來的身心症狀，達到治療目的。如音樂療法、生物回饋療法等，都屬非言語心理治療。

（3）行為治療

行爲治療是在心理治療師的直接指導下，患者透過學習和訓練，學會調整自己的整體身心功能。患者主要運用自己的行爲、動作，來改變心理狀態和克服不適應環境（或社會行爲規範）的異常行爲。在二十世紀七〇年代中期，美國的行爲療法中，出現「認知行爲療法」的新方向，強調改變患者的認知結構，在病態行爲轉變中所引起的作用。它啓動人的自我調整和自我控制能力，透過充分認識造成病態行爲的環境因素和錯誤的學習方法，導向正確的觀念和認知，用新的訓練和正確的方法，來替代舊的病態行爲，逐步恢復健康的行爲。

3.根據治療的場所，心理治療可以分爲社會治療和家庭治療。

（1）社會治療

又稱教育療法。每個患者都是社會的一份子，受社會環境的影響，對社會環境適應能力的強弱，決定其心理障礙的發生和發展。社會治療的目的在於：幫助患者正視現實、正視矛盾，協調與其他社會成員間的關係，培養樂觀向上的態度，以應對環境的刺激，建立健康的社會適應行爲模式。對大多數適應不良的人來說，社會治療的本質是一種健康教育。

（2）家庭治療

此法並不局限於在家庭場所實施治療，還包括對患者家庭成員的治療。家庭治療把家庭視爲功能單位，著力於家庭的情感結構和發展過程，而不只處理個別患者。

家庭治療以兩個以上的家庭成員，作爲心理治療對象，如對夫妻雙方均進行心理治療。在臨床心理治療過程中常常發現，患者的心理問題，是家庭其他成員的病理心理作用的結果，這類成員的心理問題，往往比患者還嚴重。在這種情況下，家庭治療尤爲重要。當患者的病情牽涉到家庭關係，當家庭中，出現精神病理相互關聯的兩個或更多的患者時，即有必要進行家庭治療。據研究可知，家庭成員之間的各種矛盾，在情緒因素爲主導的心因性精神障礙中，有重要影響。

4.根據患者的意識狀態，心理治療可分爲：覺醒狀態下的心理治療、半覺醒狀態下的心理治療和催眠治療。

（1）覺醒狀態下的心理治療

覺醒狀態下的心理治療，是患者的神智處於清醒狀態的治療形式。患者能夠清楚地意識到，醫生的指導和醫患之間的交流。在覺醒狀態下，患者瞭解自己的處境、引起心理障礙的原因，根據醫生傳達的資訊（言語指導和各種技術手段），患者能夠自覺地進行思考，有意識地調整情緒及改變認知結構，從而取得良好的療效。

（2）半覺醒狀態下的心理治療

半覺醒狀態下的心理治療，在經過特別陳設的環境中進行，如在安靜、溫暖、光線偏暗而柔和的房間中，讓患者以舒適的姿態，專注傾聽醫生的談話或指導，或讓患者傾訴過去的心理創傷，使其情緒與思維專注於某一事物。處在這種半清醒狀態中的患者，意識範圍相對狹窄，易於接受暗示性言語，對某些神經症（如癔症、焦慮症、恐懼症等），可獲得較好療效。

（3）催眠治療

催眠治療是使患者進入催眠狀態的治療形式。此時患者的意識處於極度狹窄狀態，只與醫生保持溝通。這種形式，對於患者的多種心理障礙、身心疾病、神經症等，都有顯效。

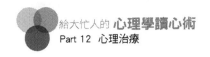

行為療法

行爲療法是在行爲主義心理學的理論基礎上發展出來的心理治療派別，是當代心理療法中的顯學之一。與心理分析等其他療法不同，它不是由某位研究者有系統地建立的一個體系，而是由許多人，依據共同的心理學理論，分別開發出的若干種治療方法集合而成的。

行爲療法又稱行爲治療，是立基現代行爲科學普遍應用的新興心理治療方法，是根據學習心理學的理論和心理學實驗方法確立的原則，對個體反覆訓練，達到改變、矯正不良行爲的心理治療法。

行爲療法是根據學習理論，或條件反射理論、技術等，來矯正和消除患者異常的條件反射行爲，或透過對個體進行反覆的訓練，藉之建立新的條件反射行爲，以改變、矯正不良行爲的一種心理治療方法。行爲療法是行爲主義在心理治療領域的具體作爲。行爲理論認爲「沒有病人，只有症狀」，治療的目標就是改變人的行爲，即根除不良行爲，塑造良好的、健康的行爲；認爲症狀性行爲是學習來的，不良習慣既是習得，透過學習，也能把它們消滅掉。

行爲療法的代表人物——沃爾普，將行爲療法定義爲：使用經實驗而確立的有關學習的原理和方法，克服不適應的行爲習慣的過程。

行爲治療家認爲，適應不良性行爲是通過學習或條件反射形成的不良習慣，因此可按相反的過程進行治療。

所謂適應不良性行爲，是不健康的、異常的行爲，有各種不同的成因所致，有些是神經系統病理變化，或生理代謝紊亂而引起的症狀，有些則是由於錯誤的學習所形成。

行爲療法是運用心理學派根據實驗得出的學習原理，是一種治療心理疾病和障礙的技術，並把治療的著眼點放在可觀察的外在行爲，或可以具體描述的心理狀態上。行爲療法有以下特點：

1.治療只能針對當前來訪者有關的問題而進行。

2.治療以特殊的行爲爲目標，這種行爲可以是外顯的，也可以是內在的。

3.治療的技術多據實驗作爲基礎。

4.對於每個患者，心理醫生根據其問題和本人的有關情況，採用適當的行爲治療技術。

行爲療法雖名目繁多，但在治療時，一般包括以下幾個階段：

1.瞭解患者異常行爲產生的原因，確定治療的目標——矯正患者的某些異常行爲。

2.向患者說明行爲治療的目的、方法和意義，幫助患者建立治癒的信心，從而使其主動配合治療。

3.採取專門的治療技術，輔之藥物或器械治療。

4.根據患者行爲改變的情況，分別給予正向強化（如表揚、鼓勵和物質獎賞）和負向強化（如批評、疼痛刺激和撤銷獎賞）。

5.根據病情的轉變情況，調整治療方法，鞏固療效。

行爲療法主要適用於異常行爲表現較局限，又可加以測量的對象，如恐懼症、強迫症、性功能障礙、社交困難、口吃、局限性痙攣、兒童行爲障礙等。

一般常用的行爲療法，有以下五種：

1.系統脫敏療法

這是一種利用對抗性條件反射原理，循序漸進地消弭異常行爲的方法。透過漸進式暴露於恐懼刺激的方式，使已經形成的條件反射消失，以治療心理障礙或行爲障礙，稱爲系統脫敏療法。如眾所熟知的，兒童對帶毛、白色動物的恐懼症，從產生到經過系統脫敏消除症狀，就是一個實例。

這一療法，是一九五八年由南非精神病學家沃爾夫，綜合前人經驗發展起來的，他認爲相反的行爲或情緒能相互抑制，而不能同時存在。他將一隻餓貓放入籠中，每當食物出現，貓有取食反應時，突然施以強烈電擊（非條件刺激），反覆多次後，貓產生強烈的恐懼，拒絕進食。實驗室環境、貓籠、進食條件多次與電擊相結合，而強化成爲條件性刺激，貓見到實驗室環境、貓籠、進食條件，便產生恐懼，即產生了實驗室神經症。之後他將貓放在沒有實驗室環境、沒有貓籠的地方進食，同時不給電擊，多次訓練後，貓的恐懼症消失，從而產生正常的食物性條件反射。這時，再把貓放回到原來的實驗環境，進入貓籠中但不給電擊，貓仍能正常進食，恐怖反應消失。

臨床上，心理師可以指導病人用自我鬆弛的方法，如深呼吸、全身肌肉主動放鬆、轉移注意力、閉目靜坐等方式，以抑制引起焦慮和恐怖反應的刺激，即用鬆弛活動的中樞興奮，來抑制焦慮或恐怖反應的中樞興奮。經過這種多次脫敏訓練，最終可把焦慮和恐怖反應完全消除。

系統脫敏法主要用於治療焦慮症和恐懼症。精神病學家沃帕提出以下的治療進程：

（1）瞭解引起焦慮和恐懼的具體刺激情景。

（2）將各種焦慮和恐懼的反應症狀，由弱到強排成「焦慮等級」。

（3）幫助患者學習，與焦慮和恐懼反應相對立的鬆弛反應。

（4）把鬆弛反應逐步地、有系統地，伴隨著由弱到強的焦慮刺激，使兩種互不相容的反應發生對抗，從而抑制焦慮反應。

古代就有用系統脫敏法治療恐懼症的記錄。金代名醫張子和的《儒門事親》一書中載：「衛德新之妻，旅中宿於樓上，夜值盜，劫人燒舍，驚墜床下，自後每一聞有響聲，則驚倒不知人。」一些大夫「作心病治之，人參、珍珠及定志丸，皆無療效」，萬般無奈，求治於名醫張子和。張子和不僅擅於藥療，而且也懂得運用心理療法。他診視後，讓病婦坐在高椅之上，面前放一張茶几，命兩名侍女按住病人。張曰：「娘子當視此（看這裡）。」然後用木猛擊茶几，病婦大驚，張曰：「我以木擊几，何以驚乎？」不一會，他又以木擊桌，「病婦驚嚇已減」，連擊三五次，又以手杖擊門窗，「病婦徐徐驚定，而笑曰：是何治法？張曰：《內經》云：『驚者平之，平者常也，平常見之，必無驚。』」換句俗話來說，就是「見多不怪」了。

2.厭惡療法

厭惡療法是從經典條件反射原理基礎上提煉而出，就是對其行為反應給予負性強化，使之逐漸減弱，直至消除其不良行為；也可以認為，厭惡療法是用懲罰性強烈刺激去消除已經形成的、不良的條件反射的方法。

厭惡療法採用一套技術，這些技術中，包括工具或武器，以引起患者生理、心理痛苦或厭惡的刺激，如電擊、致吐藥物、難聞的氣味等。方法是當出現不良反應時，立即給予這些厭惡性刺激，直到症狀消失。

因此說，厭惡療法是經典性條件反射（用作厭惡性反射）和操作性條件反射（痛苦及厭惡刺激，即懲罰）的直接運用。

由於作爲負性刺激的物品或方法的不同，因而可將厭惡療法分爲以下幾種：

（1）化學性厭惡療法。應用化學藥物，如能引起噁心、嘔吐的藥物，像阿撲嗎啡、戒酒硫等或有強烈惡臭的氨水等。

（2）電擊厭惡療法。以一定強度的感應電作爲疼痛刺激，或以輕度電休克作爲負性刺激。

（3）橡皮圈厭惡療法。拉彈預先套在手腕上的橡皮圈，並引起疼痛作爲負性刺激。

（4）羞恥厭惡療法。命令患者在大庭廣眾、眾目睽睽之下，表現變態性行爲，從而使患者自覺羞恥，以此作爲負性刺激，促使患者改正變態行爲。

化學性和電擊厭惡療法都較痛苦，故施用幾次後，應該訓練患者自己應用想像厭惡法，一旦遇到菸、酒或性興奮對象時，立刻想像到痛苦的懲罰感受，從而產生厭惡反應。想像厭惡法，也可一開始即應用於某些性變態者，如異裝癖、暴露癖等，即使患者想像自己在做異常性行爲時被人發現，當場逮到、受到嚴厲處罰等，用想像中的負性刺激來克制異常性行爲。這種方法也稱之爲「隱閉性敏感法」。

厭惡療法操作簡便、適用性廣，主要用於強迫症和種種行爲障礙的患者，日常生活中，想戒菸、戒酒、控制飲食等，也可採用此方法。但因爲厭惡療法進行時，患者會有極不愉快的感受，因此，一般要徵得患者的同意後才能使用此法。

3. 滿灌療法

滿灌療法與系統脫敏療法相反，不需要讓患者經過任何放鬆訓練，一開始就讓患者進入使他恐懼的情境中，一般是採用想像的方式。醫生鼓勵患者想像最使他恐懼的場面，或者醫生在一旁反覆地、不厭其煩地講述最令患者害怕的情景中的細節，或插映最使患者恐懼的影像畫面，以加深患者的焦慮程度。同時，不允許患者做出閉眼、堵耳朵、哭喊等逃避措施。即使病人由於過分緊張害怕，甚至出現昏厥的徵兆，仍要鼓勵患者繼續想像或聆聽醫生的描述。同時要告訴病人，這裡備有一切急救設備，生命安全無虞，因此病人可以大膽想像。患者在反覆的恐懼刺激下，可能因焦慮和緊張而出現心跳加快、呼吸困難、面色蒼白、四肢冰冷等反應，但患者最擔心的可怕的災難並沒有發生，焦慮反應也就相應減退了。

一個有尖銳器具恐懼症的患者，見不得尖銳之物，可鼓勵他把刀、釘子等尖銳器物，放在衣袋內、枕頭邊，隨時可見到、觸到，這樣一段時間後，患者對尖銳器物的恐懼情緒就會減輕或消失。

實行滿灌療法需要愼重，應視患者的病症程度、心理狀態而定。雖然滿灌療法比系統脫敏法所花費的時間要少得多，但是一旦刺激程度超出患者的承受能力，就極易引發精神分裂症。

4. 行為塑造療法

行爲塑造是要形成和建立新的行爲習慣。在確定這個大目標後，把它分成幾個小目標，制訂治療計畫，然後逐步實現，達到一步立即給予獎勵強化，直至完成終極目標。即「大目標，小步伐」，用不斷強化的原則來培養新的行爲模式。

行爲塑造療法的施行層面爲：精神病人的行爲學習、啞童說話、肢障人士的肢體功能訓練、遲緩兒教育、大小便失禁控制訓練等。對於一般人來說，行爲塑造也是學習建立新行爲習慣和完成事業目標的有效方法。

5.「獎勵—懲罰」相結合的行為療法

此法是目前在美國流行的一種行爲療法。是建立在操作式條件反射的理論基礎上的一種綜合療法。主要有以下五個步驟：

（1）增強健康信念。增強改變不良行爲的動機，寫出改變不良行爲和不良個性的理由，使患者理解改變和不改變的後果；告訴與患者有關的人，只要堅持，一定會成功；限期改變不良行爲，開出明確日期、時間，以增強成功信念。

（2）堅持記錄。記錄不良行爲程度，目前如何改變，現在心境、環境如何，每週都要記錄。

（3）明確而具體目標與行動。心理治療師應監督患者，令其主動改變不良行爲。採取行動時要注意，主動隔離與不良行爲有關的環境；尋找新的行爲或建立新的條件反射，與舊的不良行爲抗衡；打斷舊行爲環節中的某個環節；改變不良行爲時施以獎勵，發生不良行爲時要懲罰；將改變的大目標，分成數個小目標，一步步完成；結合自身努力及外力幫助，完成目標。

（4）保持新的行爲模式。新行爲建立後，要設法使其鞏固。

認知療法

認知療法是二十世紀七〇年代發展起來的心理治療技術。是根據認知過程影響情緒和行爲的理論假設，透過認知和行爲技術，改變病人不良認知的一種心理治療方法的總稱。

認知療法的理論基礎，是心理學家貝克提出的情緒障礙認知理論。他認爲：心理問題不一定都是由神祕的、不可抗拒的力量所致，相反的，它可以從平常的事件中產生。

認知療法的基本觀點是：認知過程是行爲和情感的媒介，適應不良性行爲及情感與適應不良性認知有關。醫生的任務，是找出這些不良的認知，提出學習或訓練方法，以矯正這些認知，進行有效的調節，在重建合理認知的基礎上，不良情緒和不適應行爲，就能得到調整和改善，從而克服心理障礙。

認知療法的主要著眼點在患者非功能性的認知上，意圖透過改變患者對己、對人或對事的看法與態度，藉以改善心理問題。

認知療法不同於傳統的行爲療法，不僅重視適應不良性行爲的矯正，更重視改變患者的認知方式和認知、情感、行爲三者的和諧。同時，認知療法也不同於傳統的內省療法或精神分析，它重視目前患者的認知對其身心的影響，即重視意識中的事件，而不是無意識。內省療法則重視既往經歷，特別是童年經歷對目前問題的影響，重視無意識，而忽略意識中的事件。

認知療法是以合理的認知方式和觀念，取代不合理的認知方式和觀念的過程，這是個看似簡單，實則複雜的過程。首先，醫生會幫助患者反省目前生活中，造成其情緒困擾的是哪些不合理認知，幫助他辨別什麼是合理認知，什麼是不合理認知。繼而幫助患者釐清目前的情緒問題，是由現在持有的不合理認知導致的，自己應對自己的情緒和行爲負責。透過一些必要、合適的認知調節技術（如與不合理認知進行辯論等），醫生會幫助患者意識到不合理認知的不合理性或荒謬性，進而使之逐步放棄。這是認知調節過程中最重要的一步。最後，讓患者學習合理認知方式和觀念，使之內化，以避免成爲不合理認知的犧牲品。

認知療法可以有效地治療焦慮障礙、社交恐懼、偏頭痛、慢性疼痛等許多心理疾病，其中療效最好的，是用於治療抑鬱症、厭食症、性功能障礙和酒精中毒等。它也適用於一般人在建立更合理的思維方式，提高情緒管理能力，開發人的潛能和促進個體的心靈發展等。

認知療法一般分爲四個治療過程：

1. 建立求助的動機

在這個過程中，要認識適應不良的認知—情感—行爲類型。患者和心理醫生對其問題達成認知解釋上意見的統一，對不良表現給予解釋，並且估計矯正所能達到的預期結果。比如，可讓患者自我監測思維、情感和行爲，醫生給予指導、說明和認知、示範等。

2. 適應不良性認知的矯正

此過程中，要使患者發展新的認知和行爲，來代替適應不良的認知和行爲。比如，醫生指導患者，廣泛應用新的認知和行爲。

3. 在處理日常生活問題的過程中，培養競爭的觀念

用新的認知對抗原有的認知。在這個過程中，要讓患者練習將新的認知模式，用到社會情境之中，取代原有的認知模式。比如，患者先用想像方式來練習處理問題，或模擬一定的情境，或在一定條件下，讓患者以實際經歷進行訓練。

4.改變有關自我的認知

此過程中，作爲新認知和訓練的結果，要求患者重新評價自我效能，以及自我在處理認識和情境中的作用。比如，在練習過程中，讓患者自我監察行爲和認知。

雖然認知療法的發展歷史較短，但發展速度很快，目前常見的認知療法包括以下幾種：

1.理性情緒療法

理性情緒療法（RET），是由艾利斯於二十世紀七〇年代所提出。由於病理概念不清或歪曲的認知，造成不良的情緒反應，艾利斯把經常造成人們痛苦的非邏輯思維，總結爲以下十點：

（1）一個人要有價值，就必須有能力，並且在可能的條件下有成就。

（2）某某人絕對是很壞的，所以必須受到嚴厲懲罰。

（3）逃避困難和推卸責任，可能要比正視它們容易。

（4）任何事情的發展，都應當和自己的期待一樣，任何問題都應得到合理解決。

（5）人的不幸絕對是外界造成的，人無法控制自己的悲傷、憂慮和不安。

（6）一個人過去的歷史，對現在的行爲具有決定性的作用，一件事情過去曾影響自己，所以也必然影響現在自己的行爲。

（7）自己是無能的，必須找一個比自己強的靠山才能生存。自己是不能掌握感情的，必須有別人安慰自己。

（8）其他人的不安和動盪，也必然引起自己的不安。

（9）和自己接觸的人，都必須喜歡和認同自己。

（10）生活中諸多事項對自己不利，必須終日花大量時間考慮對策。

艾利斯根據理性情緒療法，提出了ABC人格理論及治療方式。A指周圍存在的某種現實，作用於個體的外界刺激事件，稱啓動事件。C是個體在A的作用下產生的行爲表現或情緒反應，稱爲結果C。然而C並不是A的直接結果，其中有中介因素B，即個體的認知信念過程。不同的B（信念），導致不同的C（情緒反應），也就改變了B。這裡的B可分爲兩種，即合理信念和不合理信念。合理信念指眞實反映客觀情景及事件的信念及認知，它導致個體產生比較自然，但不是過分的情緒反應，同時能幫助個體正常體驗A引起的情緒反應，進而採取合理化的行爲，達到目標。不合理的認知導致消極的、災難性的、病態的情緒體驗，並且阻礙患者採取積極有效的行動，去實現自己的目的和滿足自己的需要。

理性情緒療法治療中還要注意，透過治療者的權威性反問和質疑，使受療者領悟，消滅不合理信念，這就是本療法的第四步——質疑D。

在由不合理的信念向合理化的信念轉換的過程中，應有相應的行爲、情緒改變的支持，即讓患者在合理信念基礎之上，進行新的情緒體驗，同時進行合理的行爲，以促使B的改變。信念、情緒和行爲的改變無先後之分，三者是一個互動的系統，任何一方改變，都會影響其他兩方面和整個系統。經過D後，患者達到E，即見效階段，也就是糾正了不合理認知，產生了合理性的認知、情緒和行爲，並且在將來遇到類似事件的刺激時，也有了免疫力，不會再出現自我損害情緒和行爲。

施行RET療法要注意：使患者瞭解自己有哪些不合理信念，透過認知，逐步放棄。讓患者認識到，自己對自己的情緒、行爲負有責任，爲此要積極參與心理治療。要幫助患者改變頑固的非理性觀念。

2.自我指導訓練

二十世紀七〇年代邁肯包姆所提出的。方法是教授患者進行自我說服或現場示範指導，主要用於過動兒童、衝動兒童和精神分裂症患者等。

3.應對技巧訓練

這是戈弗雷特在二十世紀七〇年代提出的，主要是讓患者在想像過程中，不斷遞增恐怖事件，學會調節和處理焦慮。其中，保持身心的放鬆與系統脫敏類似，不同之處在於它有高度應對想像的成分，主要用於治療焦慮障礙。

4.隱匿示範

由考鐵拉在二十世紀七〇年代提出，基本原理是想像演練靶行爲，讓患者預先瞭解事件和結果，訓練其情感反應，以產生對刺激環境的適應能力。主要用於治療恐懼症。

5.解決問題技術

這是由德蘇內拉等人提倡的。基本設想是有情緒異常的人，往往缺乏解決問題的能力，較難選擇對情境的行爲反應，因此，他們常常適應不良，不能準確地預測自己行爲的後果。基本方法是學習如何確定問題，然後將某問題拆解爲若干能夠處理的小問題，思考可能的解決答案，選出最佳的解決辦法。主要用於治療情緒障礙兒童、有破壞行爲的兒童及精神病人。

6.貝克認知轉變法

二十世紀七〇年代創立，主要是用來改變患者的態度和信念，從而改變適應不良認知的方法。

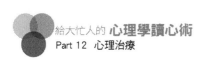

精神分析療法

精神分析療法又稱心理分析，是奧地利著名心理學家西格蒙德 佛洛依德所提出的特殊心理治療技術。由於當時科學心理學初萌芽，因此精神分析療法可說是開現代心理治療之先河，它對此後發展起來的許多心理治療的方法，都有所啓發、影響。佛洛依德對心理學的主要貢獻爲潛意識、釋夢、本能、防禦反應機制、人格層次等理論的確立。精神分析療法，也是佛洛依德的學術理論在臨床上的主要貢獻。

精神分析理論認爲，很多疾病，特別是神經症、身心疾病，都與患者經歷中的矛盾衝突、情感、挫折，在潛意識裡的反映有關，或由其轉化而來。患者的症狀，是潛意識層次傳遞出來的資訊，精神分析法是要把壓抑在潛意識裡的矛盾癥結，用內省的方式挖掘出來，帶回到意識領域來，予以徹底解決，幫助病人對症狀和被壓抑的衝突之間的關係，有所領悟，故稱「頓悟療法」。

在治療過程中，醫生的任務是要向患者闡釋，其反射出的心理問題的潛意識含義，幫助患者克服抗拒，使被壓抑的內心障礙不斷暴露出來。闡釋應該逐步深入，根據每次會談的內容，以既往資料爲依據，用患者能理解的言語，說明其心理癥結所在，幫助患者重新認識自己，認識自己與他人的關係，從而達到排除患者心理障礙的目的。

精神分析治療不是單一療法，而是一系列治療方法的統稱，包括催眠療法、精神發洩療法、自由聯想療法、釋夢療法、日常生活分析療法等。此一療法體系的共同性是：每一種療法，都將治療目標對準調整人的潛意識、性欲、動機，和人格等心理動力方面，也就是注重心理動機的調整，重建自己的人格，達到治療目的。

精神分析學說的心理治療方法，主要有以下幾個方面：

1.自由聯想

自由聯想是精神分析療法的主體。在治療中，放棄對患者進行定向引導的做法，對患者不限定回憶範圍，告訴患者暢所欲言，自由表達，想到什麼就說什麼，完全是患者意識的自然流動和湧出。

具體做法是：在瞭解患者的基本情況後，讓患者躺在舒服的沙發上，醫生坐在患者後邊，保持中立狀態，不發表自己的意見，不去引導患者，讓患者無拘無束、盡情傾訴想說的話。如遇停頓，醫生可鼓勵患者，使其放下壓抑，釋放自己。在不設防的暢所欲言中，潛意識的大門逐漸打開。有時說到帶有情緒色彩的事件時，可能停止不語，或轉移話題，有意避開對這個問題的聯想。

這種「阻抗」出現時，正表明癥結所在，醫師宜引導患者進入潛意識的「結」中，耐心解釋，使其釋放其中的情緒負荷，終至領悟。醫生的解釋要合情，能使患者本人心悅誠服，產生茅塞頓開之感。至於別人如何評價這種解釋，或這種解釋究竟是否是那麼回事，則無關緊要。

2.釋夢

釋夢，即對夢中的情境，做出具有象徵意義的解釋，它是精神分析療法中，挖掘患者心理癥結的重要方式。佛洛依德在《夢的解析》一書中寫道：「夢，乃是做夢者潛意識衝突或欲望的象徵；做夢的人為了避免被人覺察，所以用象徵性的方式，以避免焦慮的產生。」「分析者對患者夢的內容加以分析，以期發現追求象徵的眞諦。」精神分析學說認為，夢並非無目的、無意義的行為，而是潛意識中衝突或欲望的象徵。實際上是代表個人的願望，及所追求願望的不滿足，這種欲望在覺醒狀態下，受到人們自我的壓抑，透過對夢的分析，有助於捕捉到壓抑情緒的癥結。

通常在患者闡述夢的內容後，要鼓勵其就夢的情境加以自由聯想，心理師據此進行分析，解讀夢隱含的欲望和衝突的眞意。由於夢境僅是潛意識衝突與自我監控力量對抗的一種妥協形式，並不直接反映現實情況，這就需要根據經驗對夢境做出解釋，以便發掘夢的眞正含義。

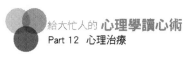

3. 移情

移情是根據經驗或以往類似情境，知覺和理解當前情境的現象。精神分析理論認為，患者在早期家庭生活中，有些和父母之間的情感事件，可能在早期出現過戀母情結、戀父情結。移情作用是指患者把童年期對父母的依戀，轉移到醫生身上，醫生在患者心目中，成為其父母的代替者。

因醫生與患者長時間接觸，患者對醫生漸漸產生情感反應，有的還把以往對別人的感情，轉移到醫生身上，此種現象稱為轉移作用或移情作用。移情又分為正移情和負移情。在正移情中，患者將友愛、親熱、依戀、溫存等，轉移到醫生身上，希望從他身上得到愛和情感滿足；在負移情中，患者把討厭、仇恨、憤怒和排斥，轉移到醫生身上，對著治療醫生，控訴自己早期所遭受到的不公正待遇。

在精神分析實踐中，讓病人重新體驗幼年時期與父母等親人的情感關係，可以消除過去留下的心理矛盾衝突，透過移情解釋，可以使病人理解到自身與治療者的關係，實際上是自己早年情緒障礙的反應，從而達到治療目的。

由於潛意識的影響無所不在，醫生也可能對患者產生情感依賴、依戀，甚至朦朧的情愛和性愛的念頭，醫生自己往往意識不到這些反應，因它們很可能透過合理化等防禦機制的偽裝後，而被醫生的意識所接受。

用移情法進行心理治療時，有一施行關鍵，即是醫生如何移入和移出的問題。移入過程是利用患者的某種情愫難以抒發的契機，把這份感情拉向醫生自身的過程；而移出則是把自己身上對患者的這份感情，重新推開的過程。醫生要能拿捏、持度，如果只能移入而不能移出，不僅會給自己造成麻煩，也會使患者蒙上一層感情陰影。

4.阻抗

指患者有意識或無意識地，迴避某些敏感話題，有意無意地使治療重心偏移，阻止那些使自我過分痛苦或引起焦慮的願望、情緒和記憶，進入意識的力量。醫生需費心探究、分析阻抗成因，幫助患者認清和正視，推動治療成效。

5.解釋

解釋的目的，是讓患者正視他所迴避的，或尚未意識到的問題，使無意識中的內容變成意識的。解釋，要在患者有接受意願與準備下進行。對患者的自由聯想和夢所暴露出來的心理癥結加以分析之後，要以患者所說的話為依據，使用患者能理解的語言予以說明。解釋的程度，應隨醫患間會談的進展，和對患者心理的不斷瞭解，逐步加深，使患者透過治療，在意識中，逐漸培養起為人處世的正確態度和成熟的心理反應。

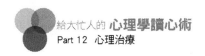

森田療法

森田療法是日本學者森田正馬根據對神經症的研究，所提出的心理治療方法。

森田認爲，神經症的特徵是內向性、強烈的自我意識、過度追求完美。具有這種特徵的人，遇到生活環境的改變，甚至很輕微的精神創傷時，也會致使自己產生自卑感而產生疑病傾向。疑病傾向的人，竭力追求盡善盡美，越是追求，越感到焦慮、不安，最終形成精神交互作用，產生神經症。森田療法正是根據神經症產生的規律，來引導患者正確認識自我，要求患者對症狀有明確的認識。首先承認現實，不必強求改變，做到順其自然，反而不改自變。

心理學研究顯示，注意越集中，情感越強烈，聽其自然，不予理睬，反而逐漸消退。當然，在進行森田療法時，必須使患者認識情感活動的起伏運作，在「順其自然」的同時，還要讓患者忍受某程度上的痛苦，即面對現實，不要把症狀視爲異物或芒刺，強意抵抗、排斥或迴避。只有運用自己的內力，努力去做應該做的事，才能眞正從痛苦中解脫出來。

森田認爲，治療神經症的要點，在於移轉疑病傾向和破壞精神交互作用。他主張「聽其自然」，「不以爲意」。所謂「聽其自然」，就是患者坦然接受症狀的存在，及與之相伴隨的苦惱和焦慮，認知到強加抵制、反抗，或用任何方式閃躲、壓制，都是徒勞的。要靠原始的求生欲望，進行建設性的活動，即一面接受症狀的現狀，不予抵抗，一面持續正常的工作和學習活動。總合來說，是要患者以平常心看待症狀，不刻意有所作爲，這樣就解決了主客觀矛盾，破壞了精神交互作用和過強的精神對抗，症狀也因而減輕，以至消失。

森田學說認爲，對神經症發病具有決定性作用的，是疑病傾向，而對症狀發展具有決定性作用的，是精神交互作用。所謂精神交互作用，就是對於某種感覺，如果集中注意它，這種感覺就變得突出，如此更加使注意固定在這種感覺上，感覺與注意進一步交互作用，滾雪球似的使這種感覺越來越放大。由於精神交互作用形成症狀之後，患者經常地被封閉在主觀感覺之中，愈覺苦惱。再加上自我暗示，就會導致注意越加集中。因此，精神交互作用是神經症遷延難癒的主要原因之一。這正是森田療法的著眼點，恰恰在這一點上，森田採取與眾不同的治療方法。

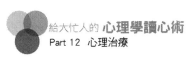

森田指出，對神經症的治療，只能順其自然。也就是說，治療就是要把當前固著於自己身心的精神能量，改變方向，使之朝向外部。事實證明，採取森田療法治療神經症，確實可取得較好的療效。森田療法適用於下列三種類型的神經症：

1.普通神經症。這是疑病傾向強的神經症，是心理矛盾不太深的類型。

2.發作性神經症。表現爲存在焦慮的同時，有心悸、氣急、目眩等軀體症狀的神經症，相當於焦慮症。

3.強迫觀念症。多數情況屬於恐懼症的類型，以及表現爲強迫觀念和強迫行爲的強迫性神經症。

根據實施方式的不同，可以將森田療法分爲住院治療和門診治療。無論是住院或門診治療都應注意，此法適宜施用於除表現爲神經質症狀之外，還有某種程度的反省心、自身也在積極想辦法，有從症狀中解脫出來的強烈欲望的患者。如僅有某些症狀，沒有強烈的求治動機，是不宜施行森田療法的。

1.住院治療

在診斷症狀以後，要向患者說明病的性質，將有關神經質心理學說介紹給他們，告訴他們並非惡疾絕症，以消除不必要的擔心和顧慮。

住院治療過程分為四個時期：

I期：絕對臥床期。一般為四～七天。患者獨居一室，除了吃飯、如廁外，其餘時間不得下床活動，禁止會客、談話、吸菸、讀書、寫字等。在此期間，患者必然產生各種想法，尤其是對病的各種煩惱和苦悶，因而可能使病痛暫時加劇和難以忍受，對治療表示懷疑，少數患者甚至要求中止治療，離開院房。當患者把所有煩惱的事情都想過之後，再沒有什麼可想的了，就會感到無聊。所以，第一期又稱無聊期。此後，患者自然要求下床做些什麼，便進入了第二期。

II期：輕工作期。這一期為四～七天。仍然禁止患者讀書、交際，每天臥床時間要保持七～八小時，白天可以到戶外活動，可採取患者自行選擇及醫生指導相結合的方式，從事一些輕度的勞動。如在室外，可以掃掃地、擦玻璃等簡單勞動；在室內可寫書法、繪畫、摺紙等活動。一般從第三天開始，可以逐漸放寬對患者工作量的限制，要求患者開始寫日記，但不寫關於疾病的問題，只寫一天做了些什麼，有什麼體會。醫生每天檢查日記，並點評，引導患者轉移對疾病的注意，關心外界活動。

III期：重工作期。一般爲四~七天。繼續禁止患者會客、娛樂，開始參加較重的體力勞動，如除草、烹飪、清理環境、農務、木工等。在這一階段，患者可以讀書，主要是關於神經症學說的書，還可以讀歷史、傳記、科普讀物等，每晚要求患者寫治療日記。患者在醫院裡和其他患者一起勞動，但不能談論自己的病。此階段的目的在於藉著努力工作，使患者體驗完成工作後的喜悅心情，培養忍耐力。在這個過程中，要學會對症狀置之不理，進一步將精神活動能量，轉向外部世界。

IV期：生活鍛鍊期，又稱回歸社會準備期。一般爲一~二周。此期爲患者出院做準備，要指導患者回歸社會環境，恢復社會角色。根據患者的具體情況，白天可回到原工作崗位，或在醫院參與某些管理工作等較複雜的社會活動。無論參加何種活動，都要求每晚仍回病房，持續寫日記。目的是使患者在工作、人際交往及社會實踐中，進一步體驗順應自然的原則，爲回歸社會做好準備。

以上是對一般治療情況的概述，仍須依每個患者的情況，決定治療的進程。治療週期因此而長短不一，時間短者約三周即可，長則可能需要六十~七十天，平均週期一般爲四十~五十天。

參見下面的病例，加以詳解。

患者錢某，女，紡織廠工人，因疑病症而就診。

患者在日記中自述：「我從小性格內向，膽小怕事。三年前，摯友告訴我，她生病了，牙齦常出血。不久後，她去逝了，死因是血癌。此後我特別注意我的牙，慢慢對牙出血產生恐懼心理。一次，我刷牙，不小心碰破了牙齦，當時真嚇壞了我！後來，我每天刷牙前，都恐慌不安，越想越怕，越怕越容易碰破出血，我擔心自己也得了血癌，精神上處於極度緊張與恐懼狀態，眞是痛苦不堪。」

絕對臥床期：「我對健康太注重了。每天醒來第一件事，就是檢查牙齦是否有出血，越注意越感到牙易出血，也越擔心有病，這就是身心交互作用，還有自我暗示：我今天千萬別把牙刷出血……所以我的病來自自身。醫生告訴我，這狀況可以克服，我就按照醫生講的去做，不去理會病，不去注意牙，結果精神反而不那麼緊張了。」

輕工作期及重工作期：「我今天寫書法，大家看了都說讚，眞開心！我居然也能寫出一手漂亮的字。我只想著寫字，對牙出血抱著無所謂的態度，反倒覺得牙既不疼也不出血了……我很忙、很累，根本顧不上注意牙的問題。」

患者經過一個月的住院治療，康復出院後，經過追蹤訪查，其疑病症未復發。

2.門診治療

門診治療，仍需遵循森田療法的基本原則。主要是透過醫生與患者一對一的交談方式進行，一般一週一次或兩次。在門診治療中，醫生要注意與患者建立良好的關係，掌握患者的生活史，盡可能理解患者的日常實況，與患者不以症狀作爲討論的主要內容，鼓勵患者面對現實生活，承擔自己在生活中應承擔的責任。但醫生避免過多說服或說理，要多用提問，啓發患者對問題的思考，幫助患者理解順其自然的道理，最終使患者對精神的自然流動及其演變，有眞正的體會，從而達到消除病症的目的。

無論是何種心理治療手法，都是依據病患的癥狀加以引導，在外界的推動下，實現自我發現的只不過是方法，而「自省」才是治本之策。遠離心理疾病，從自省做起。

催眠療法

有人誤以為，催眠就是透過語言暗示，使人睡著。實際上，催眠療法是用催眠的技術，使患者處於一種意識範圍變得極度狹窄的狀態，然後藉由語言暗示或精神分析，以消除患者心理障礙和身體疾病的心理治療方法。

催眠術有悠久歷史，但究竟始於何時則無法考證。現代催眠術起於奧地利的麥斯麥，他以「動物磁氣」理論，創立了「麥斯麥術」，即在光線幽暗的房間裡，擺放一個金屬桶，讓患者圍坐在金屬桶的周圍，麥斯麥用言語暗示，桶內的「磁氣」會流入患者身體，這樣患者便進入催眠狀態，恢復後患者普遍感到身心舒暢，一些疼痛或症狀往往不藥而癒。在十八世紀末，這種被稱為「麥斯麥術」的療法，在歐洲轟動一時，迷信此法的信徒眾多。後有學者實驗研究，證實麥斯麥術的「磁氣」子虛烏有，患者進入催眠狀態，並非「磁氣」的作用，於是麥斯麥術逐漸沉寂下來，但催眠術的原理引起學者們的興趣，未曾間斷探究。

十九世紀中期，英國外科醫生布萊德，透過實驗指出，催眠術並沒有任何神祕或超自然的力量，施術者也沒有賦予被催眠者任何物質的東西。催眠實際是暗示作用下的一種心理狀態。這種對催眠現象較為科學的解釋，得到其他學者的認可，也逐漸使催眠術成為一種療法，被廣泛應用於臨床實驗或診治研究上。

1.催眠療法的主要適用範圍

治療各種神經症、身心疾病，如焦慮症、恐懼症、神經性厭食、失眠、支氣管哮喘、高血壓等；消除各種身體疾病或症狀引起的疼痛；減輕或消除心理刺激，改善情緒及睡眠，提高社會適應能力和身體的免疫功能；增強記憶力、注意力，提高學習效率；矯正各種不良習慣，如戒除菸酒，及控制兒童過動、厭食、偏食等行爲；治療性功能障礙及痛經、盆底肌鬆弛、經前期緊張症及更年期綜合症等。

催眠是類似睡眠的恍惚的狀態。當進入催眠狀態，亦處於極高的暗示狀態，極易接受催眠師的指令。因此，在催眠師的誘導下，可以回憶起似乎早已忘卻的遙遠往事，可以去做清醒狀態下十分懼怕的事，可以訴說原本三緘其口的內心隱痛。而催眠師正是藉此對患者運用心理分析、解釋、疏導、模擬、想像、年齡倒退、臨摹等方法，進行心理治療。

催眠療法可分爲集體催眠、個別催眠和自我催眠三種形式，可根據實際情況，選擇催眠方式。對於催眠的深度，人與人之間是有差別的，兒童和婦女的暗示性高，易被催眠，老年人的暗示性低，催眠難度高一些。據研究統計，大約有90％的人能進入不同程度的催眠狀態，只有10％的人能進入深度催眠狀態。

2.運用催眠療法治療的步驟

首先，要做好前置準備。要測定患者暗示性的高低，暗示性高者催眠效果好。據統計，大約有10％的人才能進入深催眠，40％的人可以進入中度催眠，有的人只能進入淺催眠，還有一部分不能催眠。所以，施術前要先做暗示性檢查，在取得患者信任的同時，應激起患者對治療的期待心情。治療要在安靜舒適、光線暗淡的場所進行。

可暗示性的測試方法很多，如讓患者直立，雙腳併攏，背向醫生，頭部後仰。醫生用手托其枕部，然後告訴患者：「手拿開後，你就會向後跌。」如果患者眞的向後傾倒，表示具有一定程度的可暗示性。讓患者直立或平坐，兩臂伸平，然後告訴他：「你左臂沉重，會不自主地下垂。」如果患者眞的左手臂下垂，說明具有一定程度的可暗示性。用兩根試管，裝滿等量的水，然後告訴患者：「其中一個是水，另一個是酒精，你仔細地聞一聞，辨別一下，哪一根試管是酒精？」如果患者眞的在一試管中聞到酒精氣味，就表示他具有一定程度的可暗示性。

其次，導入催眠狀態，讓患者放鬆、安靜、消除雜念。

傳統的導入催眠方法，是以語言暗示，配合不同的感官刺激。讓患者躺著或坐在靠背椅子上，調整呼吸，全身放鬆，讓他注視某物，或醫生撫摸患者某個部位，或讓患者注意聽某一單調而有節奏的聲音，醫生以重複單調的語言，誘導其進入睡眠，而又不同於睡眠的狀態。例如：「你的手臂放鬆了……你的腿也放鬆了……你要睡了……睡了。」此時患者漸漸感到困倦、思睡，最後進入催眠狀態。如果一次不成，可以重複進行暗示。進入催眠狀態的患者，可對周圍的感覺降低，但對醫生的言語暗示卻非常敏感，而且遵照執行。

進入催眠的時間因人而異，最快數分鐘，最慢也不應超過半小時，否則應停止催眠。

再次，進行治療。催眠狀態下進行心理治療，大致有三種形式：

（1）當患者確已進入催眠狀態，就可將爲治療疾病而備妥的暗示性語句，以堅定的口吻告訴患者，或是治病，或是減輕疼痛，或是進行手術。

（2）直接暗示法。醫生透過語句直接暗示，患者的某些症狀即刻消失。如：對胃痛的患者可以這樣暗示：現在你已經感覺不到胃痛了，你已經恢復健康了，是這樣嗎？如果患者接受暗示，醒後胃痛即可消失。

（3）催眠後暗示法。用語句暗示患者，如：醒來後，你的某某症狀一定可以消失。這種方法適用於非持續性病狀的治療。

最後，可數數引導患者解除催眠。告訴患者，隨著我數的數越大，你的頭腦會越清醒，如數到9，你會完全醒來，解除催眠。

從下例中，我們能夠更清楚地加以瞭解。

患者王某，男，大三生，因課業壓力、考試焦慮導致失眠已三年，前來就診。

首先採用凝視法，讓患者進入催眠狀態。

醫生：「請你看著眼前的圓球，盯住看，不要轉移視線。」

（數分鐘後）「好，你的眼睛開始疲倦了，眼皮好重，眼球不想轉……你已經睜不開眼了，閉上眼……你的手、腳、頭腦，也開始放鬆了。」

「全身都已放鬆了，眼皮已合上，頭腦開始模糊了……你要睡了……睡吧……

「請你閉目放鬆，注意傾聽我敲擊桌子的聲音。」

（數分鐘後，伴隨敲擊聲）「一股舒服的暖流流遍你的全身，好舒服，好清爽，流啊，流啊……你的頭腦模糊了……你越來越睏倦……睡著了……進入夢境……」

（當患者四肢鬆弛，隨意動作消失、眼瞼垂下、呼吸變深時，說明患者已進入催眠狀態，此時醫生可根據患者的不同症狀，給予不同內容的語言暗示治療）

「現在，請你回憶，在什麼情況下睡不著覺，什麼事情使你激動、興奮、痛苦或憂傷。」

患者：「考學測前開始失眠，每當我看書時就緊張，越看越緊張，越睡不著覺。後來考完了，症狀好像也消失了，上了大學後，不知從什麼時候起又開始失眠了。每當學期期末，失眠就更嚴重，放假回家就消失了。我最痛苦的是每天晚上望著窗戶，不能入眠，而最高興的是放假。」

（經過誘導，患者還回憶了許多詳情細節）

醫生：「你的失眠是因學業壓力、考試焦慮引起的。我用催眠可以爲你治癒失眠。

「請你認眞與我配合，你的失眠症狀很快就會消失。

「你已進入中度催眠狀態，你很容易接受催眠，說明你大腦功能良好。我正在給你治療，你的症狀正開始消失，催眠已使你輕鬆、愉快，焦慮狀態已經消失，失眠已經治好。你以後不會失眠了，今晚你就會睡得香甜，以後你每天晚上十點就會入睡……直到第二天早上六點才會醒來，醒後，你感到精力充沛，上課時注意力集中，考試不感到緊張，你希望不放假，在校多念書，多參加社團活動……你一到晚上十點就感到睏倦，一覺醒來，就是早晨……你的病完全好了。

「好了，治療結束了，你可以痛痛快快地睡一覺，睡醒後，你一定感到頭腦清醒，精力旺盛。」

經過三次催眠治療，患者的失眠症狀有明顯的好轉。醫生又對患者的作息時間、生活安排、學習計畫，做了一些調整，又經過三次催眠治療，到期末時，王某的失眠症狀已徹底消除。

催眠治療過程中，只要將患者誘導進入催眠狀態，就可根據患者的實際情況，進行語言暗示和精神分析，以達到治療目的。

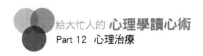

奇特的音樂療法

音樂對人的心理和生理具有影響力。我國古代《禮記　樂記篇》：「樂者，音之所由生也，其本在人心之感於物也。」「其樂心感者，其聲單以緩，其喜心感者，其聲發以散。」這些都說明古人已注意到音樂與心理活動的關係。近年，國外對動物播放音樂試驗證明，音樂可以使乳牛的出乳量大爲增加。近代把音樂治療視爲一種活動療法，有人認爲音樂可使人易於宣洩自己意識不到的內心情緒，音樂可以消除各種心理社會因素所引起的心理反應，使人平靜，使身體機能運作平穩。文獻研究指出，音樂療法對一些精神病、身心疾病是有效的。但音樂療法中，必須注意樂曲的選擇，需要重視節奏、音調、旋律等的配合，對聽音樂者來說，這些因素，構成一首樂曲的完整知覺。節奏是在音樂發展史上最早出現的，打擊樂有強烈的節奏感，因而有提振作用。優美的旋律如潺潺流水、風和日麗、鳥語花香的風景，可以使人有心曠神怡的心情。節奏感強烈的曲子和旋律優美的曲子，對心理狀態與身體造成的反應是不完全相同的。

在日常生活中我們也能體會到，雄壯的、富有節奏的軍樂，可鼓舞士氣；歡快的樂曲，可以帶動兒童開朗活潑。速食店利用播放較快節奏的音樂，使顧客加快進餐速度，從而提高座位周轉率；百貨商場則播放抒情、節奏緩慢的樂曲，使顧客多所駐留，以爭取多一點時間，好好刺激其購買欲。國外報告指出，聽蕭邦的《小狗圓舞曲》（降D大調），有助於司機安全駕駛。

音樂與植物生長的關係，據研究也多顯示正相關。

現代實驗已經證明，曲調能使人產生不同的情緒感受。

C調：純潔、果敢、沉毅、虔誠。

D調：熱烈。

E調：安定。

F調：溫和、豐富、熱情、和悅、陰沉、悲哀、神祕。

G調：眞摯、平靜、諧趣、憂愁或喜悅。

A調：自信、希望、溫情、傷感。

B調：勇敢、驕傲、悲哀、恬靜。

古希臘著名哲學家畢達哥拉斯，是最早提出「音樂治療」概念的人，他破除迷信，以科學的角度指出，音樂對於人體心理活動的影響。音樂用於治療疾病，起源於古希臘另一位哲學家亞里斯多德，他正視音樂的醫療價值，認爲情緒失去控制的患者，「聽了旋律後，就會心醉神迷，於是恢復到原來的正常狀態，好像他們受了醫術或洗腸治療過似的」。他認爲音樂的作用在於激發人的感情，而且音樂的效果，與酒、滋補品及某些發洩管道是一樣的。

一八四六年，法國醫生克梅特，發表題爲《音樂對於健康和生活的影響》的論文，詳盡地論述音樂對於身心健康的益處，以及對於疾病的防治效果。

據報導，悅耳的音樂對神經系統是良性刺激。音樂的速度、旋律、音調、音色不同，對患者亦具有興奮、抑制、降壓以及鎮痛的功效。

波蘭有位專家，把四百零八名嚴重頭痛和神經痛的患者，分成兩組進行試驗，一組患者所在的病房經常播放交響樂，另一組患者不播放音樂，作爲對照。結果在六個月後，聽音樂一組的患者，消耗鎮痛劑和鎮靜劑的量，較對照組患者少得多。英國皇家維多利亞醫院用古典音樂，治療癌症患者的疼痛，獲得顯著療效。英國劍橋口腔醫院曾用音樂代替麻醉，拔牙二百多例，患者並未感到疼痛。還有一些口腔科醫生，用音樂去掩蓋磨牙時發出的聲音，可鬆弛患者的緊張情緒。醫生們發現，當一個人聽到自己喜歡的音樂時，呼吸變得深長，本來緊繃的神經肌肉也因而放鬆。音樂對有心理障礙的人也有幫助，如一名過度內向的孩子，不與他人往來，只對音樂有特殊反應。還有人用音樂治療抑鬱症和躁狂症，並取得良效。催眠曲和搖籃曲，可幫助神經衰弱及失眠症患者安然入睡。有人發現，孕婦分娩時難免精神緊張，播放特殊的樂曲，可消除不安和恐懼感，有利於無痛分娩。

音樂療法是利用音樂刺激人的大腦皮層，影響情緒，從而收到療效的心理治療方法。音樂可以使人血壓正常、肌肉鬆弛、脈搏放慢，從而使人感到精神愉快、精力充沛，消除緊張、壓抑、憂慮和煩惱的情緒。

現代生理學家們發現，人體的各種節奏，例如，心跳時的腦波等，有個特點，那就是它們趨向於和音樂的節奏同步同調。如果播放緩慢、莊重與平靜的古典音樂，那麼，人們的身體節奏就更能夠和這種音樂相適應、相平衡。生理心理學家使用各種現代化的生理儀器，對心理失常的人進行觀測，結果發現，當他們聽舒緩、莊重的音樂時，他們的心跳，平均至少每分鐘減慢五次，血壓也有下降，這是因爲音樂可以改變腦波的活動。聆聽喜愛的曲子，能誘導出使人陷入冥想狀態的腦波，它能使身體活動放慢，全身放鬆。爲什麼嬰兒在媽媽哼的催眠曲聲中，甜蜜安詳地睡著？爲什麼當人們從事粗活或是大量體力勞動時，往往用歌聲或者音樂廣播，來減輕緊張沉重的感覺？就是因爲音樂可以直接影響人們的大腦。

西方學者研究古典協奏曲的一些緩慢樂章，發現其具有奇妙的效力節奏。這種緩慢樂章，每分鐘六十拍，通常都有一把低音大提琴，像人的脈搏在跳動。當人們聽這種放鬆的音樂時，身體就會趨向於按照它的節奏活動；心臟跳動的次數也會放慢到每分鐘六十次，這種頻率則是緩衝大腦的理想指數。於是，人體就會放鬆，頭腦得到安謐。

如果用更加通俗的話來說，音樂療法之所以具有療效，乃是其爲「樂音」，而不是「噪音」。噪音對人體的健康有不良影響，它會刺激人的中樞神經系統，使注意力分散，容易疲勞，降低勞動效率達40％以上。

心理學實驗證明：某些音樂能使大腦釋出特殊性質的「聲波資訊」，使得人們腦子的冥想狀態，趨向於單一化、集中化與秩序化，從而排除雜念的干擾。有些西方古曲音樂就具有這樣的作用。教堂禮拜時，響起大風琴的緩慢低沉鳴奏曲，或伴有和諧、肅穆的讚美曲時，往往使人整個心靈「無憂無慮」地沉浸在寧靜、超脫、昇華的感受狀態裡，也就是這個道理。

不同的音樂可以形成不同的療效。向心理疾病患者播放旋律優美、抑揚感人的古曲音樂和交響樂，效果最佳，可促使患者精神寧靜、心情舒暢，增加安全感。悅耳的低分貝的音樂，能使聽者抵抗心理上的干擾，不急不緩地和心跳速度（正常人的心跳速度，平均每分鐘七十至八十次）相調合。如果音樂的速度每分鐘超過七十至八十拍，就會使人感到精神緊張；相反，低於心跳速度，則會使人產生難受的感覺。

感到煩悶的時候，可以聽柔和的音樂，它會使你心情寧靜下來；感到憂鬱時，不妨聽聽比較雄壯的音樂，促使你興奮起來。人們在悼念死者時播放的低沉緩慢的哀樂，與結婚慶典時播放的輕鬆歡快的音樂，兩者有明顯的差別。不同的曲調，可以喚起人們不同的情緒。

心理小遊戲

心理健康測試

你目前的心理是否健康？請在二十分鐘內完成所有試題，根據個人實際情況做出選擇。

1.有人想請你幫忙，比如說代他上夜班，而你不願意，這時，你是否會直接拒絕？

A.基本上是這種情況

B.經常是這種情況

C.偶爾幾次會這樣

D.基本上不會這樣

2.當你被別人占了便宜時，比如說有人插隊到你前面，你是否會不高興？

A.基本上是這種情況

B.經常是這種情況

C.偶爾幾次會這樣

D.基本上不會這樣

3.你對最親近的朋友或親人，是否感到滿意？

A.基本上是這種情況

B.經常是這種情況

C.偶爾幾次會這樣

D.基本上不會這樣

4.你在辦公室或家中進行日常事務時，是否希望獲得他人的認可或稱讚？

A.基本上是這種情況

B.經常是這種情況

C.偶爾幾次會這樣

D.基本上不會這樣

5.在赴重要場合前，如面試或參加晚會，你是否需要借助藥物鎮定心緒？

A.基本上是這種情況

B.經常是這種情況

C.偶爾幾次會這樣

D.基本上不會這樣

6.和朋友一起吃飯，當你有自己的主意時，你是否能使其他人都贊同你？

A.基本上是這種情況

B.經常是這種情況

C.偶爾幾次會這樣

D.基本上不會這樣

7.發生一件令你不快的事，比如說你的伴侶太晚回家，你是否當時很生氣地發作，事後卻感到後悔？

A.基本上是這種情況
B.經常是這種情況
C.偶爾幾次會這樣
D.基本上不會這樣

8.在團體活動中，你是否會不知如何與他人相處，只好獨處？

A.基本上是這種情況
B.經常是這種情況
C.偶爾幾次會這樣
D.基本上不會這樣

9.在一個陌生的場合中，像是與會者眾多的晚會或求職面試中，你是否會感到忐忑不安，害怕失敗或出醜？

A.基本上是這種情況
B.經常是這種情況
C.偶爾幾次會這樣
D.基本上不會這樣

10.在需要做出決定時，如買衣服或選擇假日去哪裡玩，你是否會很猶豫？

A.基本上是這種情況

B.經常是這種情況
C.偶爾幾次會這樣
D.基本上不會這樣

11.你的感覺是否比較敏銳，經常能感知到一些別人無法察覺的東西？
A.基本上是這種情況
B.經常是這種情況
C.偶爾幾次會這樣
D.基本上不會這樣

12.你是否覺得自己的能力高人一等？
A.基本上是這種情況
B.經常是這種情況
C.偶爾幾次會這樣
D.基本上不會這樣

13.你是否曾經對生活絕望，有過自殺的念頭？
A.基本上是這種情況
B.經常是這種情況
C.偶爾幾次會這樣
D.基本上不會這樣

14.你對自己的一些壞習慣，如吸菸或嗜吃，是否感到不滿意？

A.基本上是這種情況

B.經常是這種情況

C.偶爾幾次會這樣

D.基本上不會這樣

15.你和伴侶的性生活是否和諧？

A.基本上是這種情況

B.經常是這種情況

C.偶爾幾次會這樣

D.基本上不會這樣

16.當你被封閉在一個比較狹小的空間時，你是否會感到恐懼壓抑，甚至無法動彈？

A.基本上是這種情況

B.經常是這種情況

C.偶爾幾次會這樣

D.基本上不會這樣

17.你上床後，是否很久才能入睡，或早上總是醒得很早？

A.基本上是這種情況

B.經常是這種情況

C.偶爾幾次會這樣

D.基本上不會這樣

18.你走出門後，是否總因擔心門沒鎖好或瓦斯沒關，而又折回去察看？

A.基本上是這種情況

B.經常是這種情況

C.偶爾幾次會這樣

D.基本上不會這樣

19.你是否很在意乾淨，總是怕弄髒了別的東西，或怕別的東西弄髒了你？

A.基本上是這種情況

B.經常是這種情況

C.偶爾幾次會這樣

D.基本上不會這樣

參考答案：

第1、2、3題選A或B，第6題選B或C，第11、12、13題選D，餘下的題目選C或D。

測試結果：

1～10題，用於測試你是否對自己有自信。如果和參考答案不相符，則說明你的自信心不夠。

第14、15、16、18題用於檢測心理是否健康。如果和答案有出入，表示你有一點心理障礙。

第11、12、13、17、19題用於測試心理是否健康。如果和答案不符，表示你的心理障礙很嚴重。

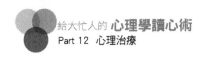

國家圖書館出版品預行編目資料

暗室燭光：給大忙人的心理學讀心術 / 王光波
著. -- 1 版. -- 新北市：華夏出版有限公司,
2023.04
面；　公分. --（Sunny 文庫；280）
ISBN 978-626-7134-70-2（平裝）
1.CST：心理學

170　111018430

Sunny 文庫 280
暗室燭光：給大忙人的心理學讀心術

著　作　王光波
印　刷　百通科技股份有限公司
電話：02-86926066　傳真：02-86926016
出　版　華夏出版有限公司
220 新北市板橋區縣民大道 3 段 93 巷 30 弄 25 號 1 樓
電話：02-32343788　傳真：02-22234544
E-mail：pftwsdom@ms7.hinet.net
總 經 銷　貿騰發賣股份有限公司
新北市 235 中和區立德街 136 號 6 樓
電話：02-82275988　傳真：02-82275989
網址：www.namode.com
版　次　2023 年 4 月 1 版
特　價　新台幣 420 元 (缺頁或破損的書，請寄回更換)

ISBN：978-626-7134-70-2